Adrian & Bridget Plass

Jesus kam bis Bangladesch

Adrian & Bridget Plass

Jesus kam bis Bangladesch

Unsere Reise zu Shahnaj

Aus dem Englischen
von Christian Rendel

Brendow
VERLAG + MEDIEN

Die Deutsche Bibliothek – CIP-Einheitsaufnahme

Ein Titeldatensatz für diese Publikation ist bei
Der Deutschen Bibliothek erhältlich.

First published in Great Britain in 2000 by HarperCollinsPublishers,
under the title: COLOURS OF SURVIVAL

Einbandgestaltung: Georg Design, Münster
ISBN 3-87067-893-3

Inhalt

Die Worte, die wir hier niedergeschrieben haben, sind Shahnaj Begum liebevoll zugeeignet.

Einleitung

A: Dieses Buch ist die Geschichte einer Reise nach Bangladesch, die meine Frau Bridget und ich im ersten Monat des Jahres 2000 unternahmen. Gewiss ist diese Darstellung der Reise nicht vollständig, denn obwohl wir nur zwei Wochen dort verbrachten, waren am Ende die kleinen, fest gebundenen braunen Notizbücher, die wir mitgenommen hatten – eines mit einem „A" für Adrian, das andere mit einem „B" für Bridget darauf (niedlich, nicht?) –, bis zur letzten Zeile gefüllt mit Eindrücken, Erinnerungen, Gedanken und Schilderungen. Um alles wiederzugeben, müssten wir drei oder vier Bücher schreiben. Übrigens können Sie an dem „A" oder dem „B" am Anfang auch erkennen, wer von uns den jeweiligen Abschnitt geschrieben hat. Wenn wir einmal eine Idee haben, dann nutzen wir sie auch weidlich aus, das kann ich Ihnen sagen!

Die Reise wurde von einer Organisation namens World Vision angeregt und geplant. Diese Organisation beschreibt sich selbst folgendermaßen:

World Vision ist ein internationales Hilfswerk mit den Arbeitsschwerpunkten langfristige Entwicklungshilfe und humanitäre Nothilfe. Unsere Aufgabe ist die Linderung des Leidens und die Verbesserung der Lebensqualität der Ärmsten dieser Welt. Wir sind eine christliche Organisation. Unser Engagement basiert auf dem Glauben an Jesus Christus, dessen Leben eine Demonstration der Barmherzigkeit und des Dienstes für alle Menschen war.

Der Plan war, dass wir in die Hauptstadt Dhaka fliegen und dort das kleine Mädchen kennen lernen sollten, für das wir in den letzten fünf Jahren über World Vision eine Patenschaft übernommen hatten, um dann noch eine Reihe von Projekten in verschiedenen Teilen des Landes zu besuchen. Nach unserer Rückkehr würden wir ein Buch über unsere Erlebnisse schreiben und eine Vortragsreise durch England unternehmen, um das Bewusstsein für die Bedürfnisse der Dritten Welt im Allgemeinen und für Patenschaften für dort lebende Kinder im Besonderen zu wecken.

Diejenigen, die vielleicht besorgt sind, dass unser Vorhaben Geldsummen verschlungen haben könnte, die besser für den Kampf gegen die Armut hätten verwendet werden können, dürfte es interessieren, dass alle Spesen dieser Unternehmung aus Mitteln unseres Verlages HarperCollins in England in Form von Vorschusszahlungen für dieses Buch bestritten worden sind. Alle künftigen Erträge aus dem Verkauf dieses Buches werden an World Vision gespendet.

Diese Übereinkunft veranlasste uns, mit einigem Zittern an die Sache heranzugehen. Was wäre, wenn wir nun entdeckten, dass die Mitarbeiter von World Vision allesamt Betrüger waren, die mit Hilfe von Spenden aus dem Westen das internationale Verbrechen finanzierten? Oder wenn wir die ganze Arbeit so wenig inspirierend finden würden, dass wir das ganze Geld zurückgeben müssten? Was wäre, wenn aus uns beiden Dritte-Welt-Langweiler würden, die hinterher ganz England mit endlosem Geschwafel von den Millionen hungernden Menschen zu Tode nervten? Oder wenn wir unser Pflegekind gar nicht leiden könnten, wenn wir es kennen gelernt hätten? Oder wenn es uns nicht leiden könnte? Was wäre, wenn es in Bangladesch überhaupt nichts Lustiges gäbe? Oder wenn wir mit den Toilettenspülungen nicht zurechtkämen? Was wäre … ach, Hunderte von Dingen gingen uns durch den Kopf.

Und, wie sind wir über die Runden gekommen? Nun, davon berichtet dieses Buch – einschließlich der Toiletten. Also lesen Sie es bitte.

Doch bevor wir beginnen, möchten wir einer großen Schar von World-Vision-Mitarbeitern danken, sowohl in England als auch in Bangladesch, die große Mühen auf sich genommen haben, um die Reise für uns nützlich und angenehm zu machen. Es hat uns große Freude gemacht, so viele christliche Schwestern und Brüder im Hauptquartier in Dhaka und in anderen Dienststellen im ganzen Land kennen zu lernen. Ich höre nie auf, darüber zu staunen und Mut daraus zu schöpfen, was für eine enge Verbindung zwischen echten Nachfolgern Jesu besteht, wo immer sie sich in der Welt begegnen. All diesen neuen Freunden in Bangladesch möchten wir sagen, wie kostbar für uns die Zeit mit euch war. Wir danken euch allen für eure liebevolle Anteilnahme. Wir werden euch nicht vergessen.

Dank auch unseren Kindern, die uns wieder einmal für vierzehn Tage an ein anderes Land verliehen haben.

Vor allem danken wir Jesus, der die Armen von Bangladesch liebt und ihnen dort Tag für Tag durch die hingegebenen Hände und Füße und Stimmen seiner Nachfolger begegnet.

Vorher

Aids und Kidnapping – die ersten Schocks

A: „Sie müssen ein Aids-Kit mitnehmen, so wie dieses hier."

Mit stummem Entsetzen starrte ich auf die grüne, rechteckige Reißverschlusstasche, die vor mir auf dem Tisch lag. Die nette Dame, die für die erste Phase unserer Vorbereitung im Büro von World Vision in Milton Keynes verantwortlich war, hatte diesen bizarren Ausrüstungsgegenstand zum Vorschein gebracht und identifiziert, als wäre es eine Tasse Tee oder ein Keks.

Was im Namen Hugos und der sieben Geißlein meinten denn diese Leute, was wir zu tun gedachten, wenn wir nach Bangladesch kamen? Einen wahnwitzigen Moment lang fragte ich mich, ob das Protokoll auf dieser Reise wohl vorschrieb, irgendeine Form illegitimer Sexualkontakte mit …

Nein, nein, sei nicht so *blöd*! Hör lieber zu, was die nette Dame sagt …

„Sie dürfen nicht davon ausgehen, dass es in den Gegenden, in die Sie kommen werden, so etwas wie sterile Kanülen gibt. Wenn Sie sich also verletzen sollten oder so etwas, dann wird Ihnen dieses kleine Kit gute Dienste leisten, nicht wahr?"

„Nun, ja, natürlich – ja, das sehe ich ein."

Natürlich sah ich das ein. Ha! Keine Frage. Pfff! Dass ich aber auch so albern sein konnte. Wie konnte ich nur denken …

„Und das sind Ihre Kidnapping-Formulare."

„Das sind unsere …"

„Ihre Kidnapping-Formulare. Wir möchten Sie bitten, die zu unterschreiben, damit wir für den Fall, dass Sie entführt werden sollten, nicht verpflichtet sind, ein Lösegeld zu zahlen. Das würden wir ja wohl ganz und gar nicht wollen, nicht wahr?“

„Nein, nein, natürlich nicht“, gurgelte ich. „Nein, wenn wir entführt würden, dann würden wir das bestimmt nicht wollen.“

Mein ersticktes Lachen verebbte, als vor meinem geistigen Auge ein Bild von Bridget und mir erstand, angekettet in irgendeinem Terroristenunterschlupf, ohne jede Hoffnung auf eine Lösegeldzahlung, auf die wir vor langer Zeit durch unsere Unterschrift in Milton Keynes ausdrücklich verzichtet hatten, verletzt und vor dem sicheren Tode stehend, weil unsere Kidnapper uns unsere Aids-Kits gestohlen hatten. Worauf hatten wir uns da nur eingelassen?

Ein wenig aufgeheitert durch die Erläuterung, dass diese Dinge zur routinemäßigen Prozedur für alle gehörten, die in solche Weltgegenden reisten, setzten wir unsere Vorbereitungsgespräche fort, bis wir am Ende des Tages in unser Zuhause in Hailsham zurückkehrten. Später trafen wir uns in einem Londoner Restaurant mit Peter Scott, dem Beauftragten für kirchliche Angelegenheiten bei World Vision UK, zu weiteren Erörterungen über unsere Reise. Dort bekamen wir auch unsere ganz persönliche grüne Reißverschlusstasche ausgehändigt. Das war ja auch nicht weiter schlimm – bis es Zeit war zu gehen. Ich stand auf und war schon einige Schritte vom Tisch entfernt, als Peter mir plötzlich mit ziemlich lauter Stimme nachrief: „Oh, Adrian, du hast dein Aids-Kit vergessen!“

Ein tief beeindrucktes Schweigen legte sich über die Leute, die an den Tischen in unserer Nähe saßen. Ob zu Recht oder zu Unrecht, alles in mir drängte mich, die versammelte Gästeschar nach echter Basil-Fawlty-Manier in aller Form über mein Aids-Kit und seine spezielle Bedeutung im Zusammenhang mit unserer bevorstehenden Reise aufzuklären.

Ich ließ es bleiben. Ich schnappte mir meine grüne Reißverschlusstasche und verschwand aus dem Restaurant, als wären mir Kidnapper auf den Fersen, innerlich vollauf damit beschäftigt, Peter auf das Schärfste zu vergeben.

Wie es anfing

A: Nagende Schuldgefühle und vages Mitgefühl, das waren die Dinge, die Bridget und mich ursprünglich dazu veranlassten, die Patenschaft für ein Kind zu übernehmen. Erbärmlich, nicht? Aber das macht nichts. Wir taten es. Und inzwischen wissen wir, dass das mehr als nur eine gute Idee war. Es war eine lebenswichtige Idee.

Fünf Jahre, nachdem wir die Patenschaft für Shahnaj Begum, ein kleines Mädchen aus den Slums von Bangladesch, übernommen hatten, schlug uns Peter Scott vor, nach Dhaka, der Hauptstadt eines der ärmsten Länder der Welt, zu fliegen, um Shahnaj kennen zu lernen und, wie ich schon in der Einleitung erklärt habe, Material für ein Buch über unsere Erlebnisse zu sammeln. Bridget wird für sich selbst sprechen, aber ich muss ehrlich sein und zugeben, dass unser Pflegekind bis zu diesem Moment für mich kaum real gewesen war. Im Gegenteil, in den seltenen Momenten, in denen ich überhaupt darüber nachdachte, bedrückten mich Schuldgefühle, weil ich es bisher versäumt hatte, so etwas wie echte Anteilnahme und Mühe in die Verantwortung zu investieren, die wir übernommen hatten. Sicher, das Geld ging regelmäßig hinaus, denn wir hatten ja einen Dauerauftrag eingerichtet, aber im Großen und Ganzen war es das auch schon.

Und nun sollten wir zwei Wochen in Bangladesch verbringen. Wir würden Shahnaj begegnen. Das Land, in dem sie lebte, und sie selbst würden Realität für uns werden. Ich glaube, keiner von uns verstand wirklich, was das bedeuten würde.

Eigentlich wollte ich sie nicht kennen lernen …

B: Was ich jetzt zu sagen habe, fällt mir nicht leicht. Wissen Sie, eigentlich wollte ich mein Patenkind gar nicht kennen lernen.

Von dem Moment an, als die Idee aufkam, dass Adrian und ich nach Bangladesch reisen sollten, verspürte ich ein zunehmendes Gefühl drohender Gefahr. Oh, damit meine ich nicht, dass ich mir Sorgen um unsere eigene Unversehrtheit machte. Aus irgendeinem Grund hat mir dieser Gedanke nie sonderlich zu schaffen gemacht. Ich hatte auch keine Bedenken, die Verantwortung und den zeitlichen Aufwand auf mich zu nehmen, die das Projekt unweigerlich mit sich bringen würde, wie mir von Anfang an klar war. Im Gegenteil, das empfand ich als ein enormes Privileg. Nein, die Gefahr, die ich verspürte, lag im Bereich meiner emotionalen Sicherheit. Ich bin mit einer außergewöhnlich dünnen Haut auf die Welt gekommen, und von Kindesbeinen an musste ich Strategien entwickeln, um in dieser emotional aufgeladenen Welt zu überleben.

Eine meiner wirkungsvollsten Strategien war es, über die entsetzlichen Bilder in den Medien von Menschen, an deren Lebensumständen ich nichts ändern kann, einen dichten Schleier zu ziehen und den Gesichtern der Kinder, denen ich nicht helfen kann, auszuweichen. Die Entscheidung, die

Patenschaft für ein Kind zu übernehmen, trafen wir als Reaktion auf eine Werbekampagne, die besonderes Gewicht auf die Tatsache legte, dass wir zwar das Leiden in der Welt nicht abschaffen, aber immerhin das Leben eines einzigen kleinen, gebeutelten Menschen erträglicher machen können. Dieser Gedanke sprach sowohl Adrian als auch mich an. In den Jahren, in denen wir als Sozialarbeiter in Heimen gearbeitet hatten, waren wir häufig mit dem Vorwurf konfrontiert worden, wir müssten uns stärker politisch engagieren, um in unserer Gesellschaft Reformen herbeizuführen, die einen Großteil unserer Arbeit überflüssig machen würden.

Meist hatten wir geantwortet: „Nun, kümmert ihr euch darum, wie man die Sitzstangen verbessern kann, in der Zwischenzeit kümmern wir uns um die Spatzen, die schon heruntergefallen sind."

Ich erinnere mich noch an den Tag, an dem wir das erste Foto von Shahnaj bekamen. Ich weiß noch, wie ich das Passfoto eines braunäugigen, liebenswert angespannten kleinen Mädchens anstarrte und versuchte, sie vor meinem geistigen Auge lebendig werden zu lassen. Es gelang mir nicht. Der Schleier war zu gut festgezurrt. Ich konnte es mir einfach nicht leisten, dass sie zu real für mich wurde. Ich wäre untergegangen in dem Schmerz, mir bewusst zu machen, was für ein hartes Leben sie führte, verglichen mit dem Luxus, in dem meine eigenen vier Kinder schwelgten. Fünf Jahre lang hatte es mir ein bisschen Erleichterung verschafft, dass ich ja wenigstens etwas tat, wenn es auch nur spärlich war, um irgendjemandem irgendwo zu helfen. Es hatte mir Spaß gemacht, ihr die Karten und die kleinen Geschenke zum Geburtstag und zu Weihnachten zu schicken, wie man es uns nahe gelegt hatte, doch in meinem Herzen hatte ich mich entschlossen dagegen gewehrt, mich auf sie einzulassen. Doch jetzt …?

Fakten, Furcht und Fliegerei

B: Unser Flug erwies sich als die typische Aneinanderreihung von Filmen, folienverschweißten Mahlzeiten und dem Frust darüber, nicht schlafen zu können, doch nun haben wir Delhi verlassen und die letzte Etappe der Reise angetreten und ich habe einen Platz am Fenster erwischen können. Ich lehne mein Gesicht dagegen, starre hinunter und versuche, mit meinem geistigen Auge die bauschigen, baiserähnlichen Wolkenberge zu durchdringen, die über alle Geheimnisse, die darunter liegen mögen, einen dichten Schleier legen.

Fakten kenne ich jede Menge. Den größten Teil der Reise habe ich damit zugebracht, noch einmal die Materialien durchzulesen, die man uns zur Verfügung gestellt hat, um uns bei der Orientierung in Bangladesch zu helfen. Ich weiß, dass das ganze Land im Wesentlichen ein Delta einiger der mächtigsten Ströme der Erde ist, nämlich des Ganges, des Brahmaputra und des Jumuna. Ich weiß, dass neunzig Prozent des Landes aus aufgeschlämmten Ebenen bestehen, die weniger als zehn Meter über dem Meeresspiegel liegen. Die vielen Fernsehberichte über die Tragödien der Hungersnot von 1971, der Überschwemmungen von 1988 und 1989 und des Wirbelsturms von 1991, die ich gesehen habe, sind mir noch gut in Erinnerung. Ich kenne sogar einige der entsetzlichen Statistiken auswendig, die als Grundlage dafür dienen, dass Bangladesch als das fünftärmste Land der Erde bezeichnet wird.

Zugegeben, mit der Geschichte hatte ich etwas mehr Schwierigkeiten, und nachdem ich mich ein weiteres Mal durch den zähen Sumpf der Fakten gewühlt habe, beschließe ich, meinen hochgebildeten Ehegatten zu fragen, wie er über die Sache denkt.

Bridget: „Adrian, wenn du die Geschichte von Bangladesch in ein paar Worten zusammenfassen müsstest, was würdest du sagen?"

Adrian: „Nur in ein paar Worten?"

Bridget: „Ja."

Adrian: „Hmm ... *(tut ein bisschen enttäuscht)* Du meinst also nicht, dass ich eine lange, ausführliche Schilderung aller Ereignisse und ihrer Bedeutung vortragen soll?"

Bridget: (trocken) „Nein, nein, so viel Mühe will ich dir nicht machen, Liebling. Eine kurze Zusammenfassung würde mir völlig genügen."

Adrian: (ziemlich vage für jemanden, der so tut, als müsse er schier unermessliche Wissensschätze in komprimierter Form wiedergeben) „Tja, nun, soviel ich weiß, ist Bangladesch früher ein Teil von Pakistan gewesen, nur vom Rest abgeschnitten, aber jetzt nicht mehr. Äh, das ist so ziemlich alles."

Ich überlasse meinen Geschichtsexperten nach dieser meisterhaften Rekonstruktion des Lebens einer Nation seinem Dösschlaf und blättere meine Notizen durch, wo ich die folgende, etwas hilfreichere Zusammenfassung finde:

Bangladesch stand als Teil Indiens unter britischer Herrschaft, bis zu deren Ende im Jahr 1947. Nachdem die Briten den Subkontinent verlassen hatten, wurde aus dem heute als Bangladesch bekannten Land der östliche Flügel Pakistans oder Ostpakistan. Unzufrieden mit der Behandlung, die die Bengalis durch das Urdu sprechende Westpakistan erfuhren, startete Scheich Mujibur Rahman, der Führer der größten politischen Partei Ostpakistans, eine Unabhängigkeitskampagne, die sich im März 1971 zu einem regelrechten Befreiungskrieg ausweitete. Die pakistanische Armee setzte die Bengali sprechenden Nationalisten heftig unter Druck, es wurde viel Blut vergossen, bevor Bangladesch am 16. Dezember 1971 zu einem unabhängigen, souveränen Staat wurde.

Nachdem die Unabhängigkeit errungen war, blieb Bangladesch eine parlamentarische Demokratie, bis Scheich Mujibur Rahman 1975 während eines Militärputsches ermordet wurde. Von 1975 bis 1991 wurde das Land direkt oder indirekt von den Streitkräften regiert. Bei einer Volksabstimmung im September 1991 wurde eine neue Verfassung verabschiedet. Seither ist Bangladesch wieder eine Demokratie.

Nachdem ich die Geschichte des Landes, dem wir entgegenfliegen, nun etwas klarer sehe, erscheinen mir die Materialien über den politischen Aufbau, die Religion und die Traditionen als eine Kleinigkeit. Zwischen den Mahlzeiten aus scharf gewürztem Hühnchen und Reis, die uns in regelmäßigen Abständen serviert werden, habe ich sogar Zeit gefunden, mir ein paar Umgangsformen einzuprägen, damit ich mich nicht blamiere, sobald ich in Dhaka aus dem Flugzeug steige.

Wussten Sie zum Beispiel, dass man in Bangladesch unter keinen Umständen ein O.K. signalisieren darf, indem man die vier Finger zusammenballt und den Daumen in die Höhe streckt? Dieses Zeichen hat dort offenbar die gleiche Bedeutung wie der emporgestreckte Mittelfinger bei uns, was wohl kaum die gewünschte freundliche Wirkung haben dürfte.

Auf einer Ebene bin ich also gut versorgt mit Fakten. Auf einer anderen jedoch ist mir bewusst, dass ich im Grunde gar nichts weiß.

Meine etwas panischen Gedanken wandern zu meiner Mutter und meinem Vater, die mit vierundachtzig und zweiundneunzig Jahren gerade mit dem Gedanken schwanger gehen, aus Norfolk wegzuziehen und einen kleinen Bungalow direkt gegenüber von uns zu kaufen.

„Es hat keinen Sinn, Liebes“, hat meine Mutter erst vor ein paar Tagen am Telefon zu mir gesagt, „ich habe alle

Details über das Haus ein Dutzend Mal durchgelesen, aber ich muss es mir selbst ansehen."

Ja. Ich weiß, was sie meint. Ich muss Bangladesch kennen lernen, sehen, riechen, spüren, und ich habe vierzehn Tage Zeit, das zu tun, angefangen von – nun, jetzt, nach dem plötzlich einsetzenden Sinkflug der Maschine zu urteilen. Meine Anspannung über die Begegnung mit Shahnaj, meine Angst, die Anstrengungen, die nötig waren, um die unvermeidlichen Probleme einer vierzehntägigen Abwesenheit von zu Hause zu lösen, all das verblasst jetzt. Endlich stellt sich so etwas wie Begeisterung ein.

Der erste Blick, den ich durch die dünner werdenden Wolken erhasche, sieht aus wie das erste Gemälde eines Kindes, so beliebig wirken die Formen und Schleifen, die allmählich sichtbar werden. Jetzt wird es zu einem feinen Wandbehang aus Quadraten in gedämpftem Grün, Gelb und Braun, über den ein wirbelndes Muster aus glänzend grauen Seidenbändchen und winzigen quadratischen Knöpfen genäht wurde.

Als wir weiter absinken, erkenne ich, dass die Bänder aus zahllosen braunen Flüssen bestehen, die sich glitzernd im Licht der untergehenden Sonne dahinschlängeln, während die gelben und grünen Rechtecke offenbar nur kleine, ordentliche Felder sind, die durch die Wasserfarben des frühen Abends vorübergehend einen schönen Anstrich erhalten. Verwirrt und belustigt bin ich immer noch über die Knöpfe, die nun wie braune Pflastersteine aussehen, verlegt in Beton. Doch sie werden zu legoähnlichen Blöcken, offensichtlich Hochhäusern mit Wohnungen, und mir wird klar, dass sich unsere Maschine jetzt genau über der Hauptstadt Dhaka befindet.

Vielleicht wird sich der Schleier heben.

Zu meiner Erleichterung stelle ich fest, dass ich voll Ungeduld darauf warte, dass unser Abenteuer beginnt.

Die Ankunft

Gepäck

A: Endlich landeten wir in Bangladesch, nachdem wir zwölf Stunden auf Sitzen verbracht hatten, deren Größe wie immer auf geheimnisvolle Weise um die Hälfte geschrumpft war, seit wir Heathrow verlassen hatten. Während der letzten beiden Stunden hatten wir beide danach gelechzt, uns horizontal auszustrecken, wie ein Ertrinkender nach Luft schnappt. Zum Glück brachte die Ankunft auf diesem fernen, exotischen Flughafen ihre eigene belebende Erregung mit sich. Zunächst jedoch wartete da noch die banale Aufgabe auf uns, unser Gepäck abzuholen.

Das Warten auf das Erscheinen unserer Gepäckstücke am Fließband auf dem Flughafen von Dhaka war so nervenzerfetzend wie überall sonst auf der Welt. Bridget und ich haben so oft erlebt, dass unser Gepäck nicht auftauchte, dass wir allmählich eine tiefe Bedeutung in der mystischen Wahrheit erkennen, dass GEPAECKABHOLUNG ein Anagramm für GLUECK HABEN, PAGO ist. Allerdings sind wir Passagiere uns in dieser Hinsicht häufig sehr ähnlich. Wahrscheinlich machen Sie das meiste genauso wie ich, wenn Sie Ihr Gepäck abholen.

Als Erstes muss ich mich entscheiden, ob ich einer hochbetagten, gehbehinderten und kurzsichtigen Mitreisenden den letzten funktionierenden Kofferkuli mopse oder mich mit dem kaputten zufrieden gebe, den sonst keiner will.

Tja, als Christ ist man klar im Nachteil, nicht wahr?

Also versuche ich, gleichzeitig selbstbewusst und lässig auszusehen und stelle mich mit meinem dreirädrigen Kofferkuli neben das Band, von dem ich verzweifelt hoffe, dass es das richtige für meinen Flug ist, wobei ich mich unauffällig nach rechts und links umsehe, um irgendjemanden ausfindig zu machen, der mit Sicherheit in der gleichen Maschine saß wie ich. Ah, ja, gut! Dieser dürre, schielende Kerl mit den blonden Haaren saß auf dem Gangplatz gleich gegenüber von mir gefangen, ich bin also richtig hier – oder sollte ich hier falsch sein, dann ist er auch falsch, und das ist lange nicht so schlimm, wie wenn man alleine falsch ist.

Von nun an ist es ein reines Geduldsspiel. In der anderen Welt, die jenseits dieser dicken Gummifransen da drüben am Ende des Laufbandes existiert, wird gleich etwas Magisches passieren. Die Koffer und Taschen, die ich vor ewigen Zeiten und unendlich weit von hier vertrauensvoll einem anderen, weniger mitfühlenden Fließband überlassen habe, werden gleich in großer Pose erscheinen und meinen in nervöser Erwartung ausgebreiteten Armen entgegeneilen wie Kinder, die gerade Schule aus haben – hoffe ich.

Während ich warte, denke ich wieder einmal über die Tatsache nach, dass ich in der Tiefe meines Herzens eigentlich nicht daran glaube, dass diese Koffer überhaupt im Flugzeug mitfliegen. Nein, nein, es ist irgendein Prozess der molekularen Auflösung und Rekonstruktion, der dieses Abholungswunder möglich macht, ähnlich wie der Prozess, wie die Leute im *Raumschiff Enterprise* zwischen dem Schiff und einer Planetenoberfläche hin und her gebeamt werden. Oder vielleicht läuft es eher so wie in *Die Fliege*, jenem Film, in dem ein Wissenschaftler herausfindet, wie man Gegenstände von einem Zimmer ins andere teleportiert, aber in Schwierigkeiten gerät, als eine Fliege sich mit in seine Startkammer verirrt, sodass am anderen Ende eine groteske Kreatur Gestalt annimmt, die zur Hälfte Mensch und zur Hälfte Fliege ist. Während ich mich in diesen Fantasien verliere, stelle ich mir seltsam mutierte Gepäckstücke vor, die in ihrem ganzen Jammer zum Vorschein kommen und stumm an mir vorüberziehen. Koffer, bei denen an der Stelle, wo der Griff sein sollte, ein halber Rucksack grotesk hervorragt, Stofftaschen, die sich in einen gigantischen Reisverschluss verwandelt haben, an dem nur noch ein winziger Behälter hängt, Damenreisetaschen, die sich von innen nach außen gekehrt haben, sodass die Unterwäsche außen und das Leder im Innern säuberlich zusammengefaltet sind ...

Plötzlich setzt sich das Laufband mit einem lauten Klicken und einem surrenden Motorengeräusch in Bewegung. Alle Augen richten sich auf die Gummifransen. Nichts kommt heraus. *Nichts* kommt heraus. Warum kommt nichts heraus? Warum quälen die uns so? Warum schalten sie erst das Laufband ein, wenn sie dann doch kein Gepäck darauf laden? Vermutlich ist alles Gepäck verloren gegangen. All mein Gepäck muss – warten Sie, da war gerade so ein dumpfes Krachen zu hören. Das bedeutet meist, dass sich etwas tut. Da kommt etwas durch! Oh Herr, nur ein einziges Mal! Nur ein einziges Mal lass es meinen Koffer sein, der als erster durchkommt! Ja – nein, es ist nicht mein Koffer. Und dieser auch nicht. Und der nächste auch nicht. Keiner von denen gehört mir. Gibt es überhaupt einen Gott?

Völlig irrationalerweise macht es mir besonders zu schaffen, dass die Gepäckstücke, die ich bisher gesehen habe, nicht einmal von ähnlicher Machart sind wie meine. Doch da, endlich kommt ein Koffer in Sicht, der ein wenig Ähnlichkeit mit meinem hat. Mit purer Willenskraft versuche ich, ihn zu meinem zu machen, zu glauben, dass es meiner sein könnte. Die Farbe stimmt ungefähr. Die Größe auch. Eine meiner Hände schiebt sich jämmerlich vorwärts auf den Koffer zu, als er die Stelle erreicht, wo ich stehe. Rasch ziehe ich sie zurück, als der Mann neben mir sich herabbeugt und mannhaft das Gepäckstück, das bei näherem Hinsehen überhaupt nicht wie mein Koffer aussieht, vom Laufband herunter und auf seinen Kofferkuli hievt. Oh, wie sehr wünschte ich, ich wäre er! Seht, seht, da geht er und schiebt frech wie Oskar seinen Kofferkuli auf den „Nichts-zu-verzollen"-Durchgang zu.

Das Glück dieses Mannes lenkt mich so sehr ab, dass ich es beinahe verpasse, als mein eigener abtrünniger Koffer fröhlich vorbeirauscht, um den Kreislauf von neuem zu beginnen. In bester Nahkampfmanier werfe ich mich gegen den Mann, der gerade den Platz meines Glückspilzes eingenommen hat, um mich in einem panischen Ausfall auf mein Gepäck zu stürzen, und bringe den armen Kerl beinahe zu Fall, als ich den Koffer an mich reiße. Ich entschuldige mich, aber es macht nichts. Er versteht das. Er hätte es auch nicht anders gemacht. Schließlich ist er ein Mitreisender.

Sodann mache ich mich auf den Weg zum Ausgang. Beim Zoll habe ich ebenfalls keine Angaben zu machen – außer vielleicht: „Gott sei Dank ist mein Gepäck angekommen."

Glauben Sie, wenn Jesus heute lebte, würde er dem reichen Jüngling nach einem langen Flug unten am Gepäcklaufband begegnen und ihn einladen, ihm nachzufolgen, ohne erst noch auf sein Gepäck zu warten? Und würde er wohl mitkommen? Würden Sie es tun? Würde ich es?

Wie hätten wir in Bangladesch zurechtkommen sollen ohne all unser Gepäck?

Schließlich tauchten unsere Sachen doch noch vollständig auf, dem Himmel sei Dank. Noch erleichterter waren wir, als wir die vertraute Gestalt von Peter Scott erkannten, der den größten Teil der ersten Woche mit uns verbringen würde und jenseits der Zollschranke schon auf uns wartete.

Gemeinsam mit Peter warteten dort zwei Leute, die für uns während unseres Aufenthalts sehr wichtig werden sollten. Der eine war Sujit Areng und war für die Gästebetreuung zuständig. Der andere hieß Dhiman und war als Fahrer angestellt. Er würde uns die meiste Zeit der nächsten vierzehn Tage überall hinfahren, wohin uns unser Programm führte. Mehr über diese beiden Männer später.

Dhaka bei Nacht war ein Jahrmarkt, angefüllt mit einem lebendigen Durcheinander aus Licht und Lärm, bis unser Wagen in eine vergleichsweise ruhige Seitenstraße einbog, in der sich unsere Unterkunft befand.

„Wenn ich kein Christ wäre", murmelte ich vor mich hin, als wir vor dem Hotel parkten, „würde ich denken, dass das ein ausgesprochen gutes Omen ist."

Das Hotel nannte sich nämlich *Far Pavilions*, ein Name, der mich sehr inspirierte, und zwar aus dem erhabenen und edlen Grund, weil es ein Bangladeschi-Restaurant gleichen Namens in Edinburgh gibt, das zufällig eines der besten Restaurants im gesamten Vereinigten Königreich ist ...

Dieses Buch soll keine Werbung für irgendjemanden sein, aber wenn es jemanden gibt, der eine lobende Erwähnung verdient hat, dann sind es die Mitarbeiter im Hotel *Far Pavilions.* Vom allerersten Moment an, als wir nervös über die Schwelle traten, kümmerten sie sich hervorragend um uns. Ich würde so weit gehen, zu sagen, dass Sie nirgends auf unseren schönen Inseln ein Hotel finden werden, das dieses Etablissement an Charme und herzlicher Gastfreundschaft übertreffen könnte. Falls es Sie jemals nach Dhaka verschlägt – schauen Sie im *Far Pavilions* vorbei und übernachten Sie dort. Sie werden es nicht bereuen.

Die erste Morgendämmerung

B: Es ist halb sechs Uhr morgens und wir sind beide wach, obwohl wir uns verzweifelt bemühen, es nicht zu sein – eine Erfahrung, die alle kennen, deren Schlafrhythmus schon einmal durch eine Reise in eine andere Zeitzone in Aufruhr geraten ist. Wir horchen auf den ersten einsamen Gebetsruf, der aus der Dunkelheit und Stille dröhnt wie irgendein Monsterjunges, das nach Fütterung verlangt. Ich döse ein und wache wieder auf. Inzwischen ist es ein bisschen heller und diesmal wird der Gebetsruf von einem kleinen Chor begleitet.

„Hört sich an wie eine Wagenladung Enten", murmelt Adrian.

Irgendwo unten auf der Straße hustet und spuckt jemand.

„Der Bursche scheint die Ausschleuderung überflüssigen Speichels zu einer oralen Kunstform entwickelt zu haben", murmelt mein geliebter Gatte, während er sich heftig im Bett herumdreht, um weiterzuschlafen, wobei er mir die ganze Decke wegzieht.

Ich fühle mich einsam und seltsam fremd. Man hat uns in diesem Hotel ein wunderschönes Apartment zur Verfügung gestellt. Es hat nicht nur ein riesiges Schlafzimmer, sondern auch ein Wohnzimmer mit wuchtigen, roten Samtmöbeln und Teppichen. Da ich aus all meiner Lektüre von den Bedingungen weiß, unter denen Familien in den Slums, die wir besuchen wollen, ums Überleben kämpfen, füge ich meinem Durcheinander von Emotionen noch Schuldgefühle und Verwirrung hinzu und sehne mich einen Moment lang danach, zu Hause zu sein, meiner Tochter Kate die Schulbrote zu schmieren und ihr Vorhaltungen zu machen, weil sie nicht richtig gefrühstückt hat.

Beschämt über meine albernen Anwandlungen gleite ich aus dem Bett und setze mich mit einem Buch, dem neuen von Susan Howatch, das mir eine Freundin geliehen hat, zwei Vollkornkeksen, die wir von zu Hause mitgebracht haben, und einer Banane aus dem Hotel nach drüben ans Fenster. Von hier aus sehe ich Bäume, ein Krankenhaus, mehrere Wohnblocks und direkt gegenüber die brüchige Hülle eines großen Gebäudes, das entweder gerade gebaut wird oder dabei ist, zur Ruine zu verfallen, im Moment aber so aussieht, als wäre es unordentlich mit Seilen vertäut. Bei näherem Hinsehen zeigt sich, dass es von einem Bambusgerüst abgestützt wird, das für meinen Geschmack viel zu zierlich aussieht. Über allem, was ich sehe, liegt wegen des Moskitonetzes vor dem Fenster ein seltsamer Pixeleffekt, doch immerhin sehe ich deutlich genug, um zu entdecken, dass Adrians Enten in Wirklichkeit große, schwarze Vögel sind. Sie sind überall und schaukeln auf den Bananenblättern, sodass der dicke, bräunlich-gelbe Staub, mit dem sie bedeckt sind, auf die Straße hinabrieselt, wo gerade zwei kleine Kinder versuchen, den Eingang zu dem Krankenhaus davon zu befreien.

Ich öffne das Fenster und trete hinaus auf unseren Balkon. Die Luft ist so trocken, dass sie mir im Hals stecken bleibt. Ein deutlich wahrnehmbarer Geruch liegt darin, der mir schon am Vorabend aufgefallen ist und den ich jetzt als reinsten Müllgestank erkenne. Der Anblick der staubigen Tropengewächse ringsum erinnert mich an ein ziemlich verblasstes künstliches Panorama tropischer Pracht in unserem Schwimmbad zu Hause.

Unten auf der unebenen Betonstraße durchsuchen zwei kleine Jungen mit Reisigbesen offenbar gerade die riesigen Abfallhaufen, die diesen Stadtteil von Dhaka zieren. Unter angeregten Diskussionen wählen sie ihre Schätze aus und verstauen ihre Funde in den schwarzen Müllbeuteln, die ein winziges Mädchen für sie aufhält. Eine Frau schlurft langsam die Straße entlang, die dünnen Schultern in einen Schal gehüllt, was mich daran erinnert, dass jetzt das herrscht, was man hier unter Winter versteht. Auf ihrem Kopf trägt sie einen lächerlich riesigen Korb, der offenbar ebenfalls eine Sammlung von Fundstücken aus dem Abfall enthält. Über allem liegt eine ziemlich traurige, stille Stimmung, und ich bin froh, als ich höre, wie Adrian sich im Zimmer hinter mir regt, laut vernehmlich nach seinem Kamm sucht und die Tatsache beklagt, dass er es vor der Abreise versäumt hat, Kate zu zeigen, wie man die Alarmanlage einschaltet.

Wasser, Wasser überall – und Frühstück

A: „Was immer ihr tut, trinkt nichts von dem Wasser!"

Man hatte uns so eindringlich eingehämmert, dass wir in Bangladesch nur in Flaschen abgefülltes Wasser trinken dürften, dass ich an jenem ersten Morgen und während der ersten paar Tage unseres Aufenthalts das makellos saubere Badezimmer unseres Apartments im *Far Pavilions* nur mit einem inneren Zaudern betrat, so als lauere ein Teufel in den Wasserrohren, der nur darauf wartete, mich anzuspringen und zu verschlingen. Der Selbstreinigungsprozess mit all seinen Aspekten musste argwöhnisch beobachtet und so verrichtet werden, dass ich die bösartigen Keime in Schach halten konnte.

In der Dusche zum Beispiel durfte ich das heiße Wasser über meinen Kopf und an meinem Körper herabfließen lassen, aber das ausgelassene Prusten und Gurgeln, mit dem ich normalerweise dieses Stadium meiner Waschung beendete, kam nicht in Frage. Stattdessen presste ich meinen zusammengekniffenen Mund während der gesamten Operation fest und grimmig gegen meine Nasenlöcher (können Sie das?), um schließlich uninfiziert, aber knallrot im Gesicht und kurz vor dem Ersticken aus der Duschkabine zu steigen.

Auch wenn ich zur Toilette ging, müssen die Keime vor Frust und Wut im Dreieck gesprungen sein. Erst wusch ich mir die Hände mit Wasser aus einer Flasche, dann wusch ich sie noch einmal mit einer antiseptischen Waschlotion, die Bridget clevererweise noch vor der Abreise bei *Boots* gekauft hatte.

„Macht nichts", sagten sich zweifellos die Mikroben, während sie sich voll vergnügter Vorfreude ihre unhygienischen kleinen Hände rieben, „wir kriegen ihn, wenn er sich die Zähne putzt!"

Aber sie kriegten mich nicht. Oh nein! Denn wissen Sie was? Ich benutzte Wasser aus der Flasche, um mir die Zähne zu putzen, Wasser aus der Flasche, um hinterher meine Zahnbürste auszuspülen, und Wasser aus der Flasche, um mir die Hände zu waschen, wenn ich fertig war, nicht zu vergessen eine weitere Portion von dem guten alten *Boots*-Zeug, um die Sache abzurunden.

Unser Verbrauch an Wasser aus der Flasche und an diesem *Boots*-Zeug war beachtlich.

In jenen ersten beiden Tagen drehte sich alles ums Wasser. Ich fürchte, wie Sie aus der obigen Schilderung ersehen können, wurde ich zu einer ziemlichen Hygiene-Nervensäge. Aber das Interessante ist Folgendes: Abgesehen von einer kleinen Grippe, die mich in der ersten Woche erwischte, vermutlich verursacht durch ein unternehmungslustiges Virus, das vom Fernweh überfallen wurde und beschloss, als blinder Passagier mit mir von England hierher zu reisen, fühlte ich mich in fast jeder Hinsicht während meiner vierzehn Tage in Bangladesch fitter, als es seit Monaten zu Hause der Fall gewesen war. Der Grund dafür war, denke ich mir, eine sehr nahrhafte, aber einfachere, gesündere Ernährung und – gutes, sauberes Wasser.

Die Ironie dieser Tatsache, das versichere ich Ihnen, ist mir nicht entgangen.

Unser erstes Erlebnis mit dem Essen war ebenfalls interessant.

Das Frühstück im *Far Pavilions* verschaffte uns nicht nur die Gelegenheit, weitere der bezaubernd aufmerksamen Leute kennen zu lernen, die dort arbeiteten, sondern auch zwei wesentliche Erkenntnisse über das Leben in Bangladesch. Beide sprachen zu meinen Gunsten, und das war gut so, denn ich finde, ich war allmählich auch mal an der Reihe.

Die erste Erkenntnis hat mit Zucker zu tun. Wissen Sie, ich nehme normalerweise drei Stückchen Zucker. So, jetzt ist es heraus. Ich sage es noch einmal. Wenn ich Tee oder Kaffee trinke, tue ich gerne *drei* Stück Zucker hinein. Nicht eins, nicht zwei, sondern drei. Ich trinke nicht gerne Kaffee oder Tee ohne Zucker, und ich tue auch nicht gerne so, als ob sie mir mit zu wenig Zucker schmecken würden, und schon gar nicht mag ich sie mit diesem künstlichen Süßzeugs, das angeblich keinen Beigeschmack hat, in Wirklichkeit aber doch. Zu Hause in England sage ich inzwischen, wenn jemand mir eine Tasse Tee oder Kaffee anbietet und mich fragt, ob ich Zucker möchte: „Ja, drei Stückchen bitte, und keinen Kommentar."

Ich weiß, das hört sich ziemlich unhöflich an, und das ist es wohl auch, aber es dient dem Zweck, Reaktionen zu vermeiden wie leise Schreckensschreie, ungläubige, im Falsett ausgestoßene Wiederholungen des Wortes „drei", unnötig hektische Durchsuchungen des Küchenschrankes, weil „wir ehrlich gesagt kaum noch welchen benutzen" und von pietätvollem Kopfschütteln begleitete, trostlose Anekdoten von Leuten aus der Gegend, die gestern morgen durch zuckerbedingte Erkrankungen noch vor ihrem fünfzigsten Geburtstag tot umgefallen sind.

Also, Erkenntnis Nummer eins: In Bangladesch wird der Zucker schon bei der Zubereitung in den Tee getan! Ich bin die Norm. Ich bin einer von den vielen, von den ganz normalen vielen, die Zucker im Tee trinken, weil – na, kommen Sie, wie sollte man Tee denn sonst trinken? Die arme Bridget, die ihren Tee und Kaffee ohne Zucker trinkt, ziemlich abartig, wenn Sie mich fragen, musste sich immer ein Extra-Kännchen bestellen! Das hat natürlich jede Menge Mühe verursacht, aber so ist sie nun einmal. Manche Leute sind aber auch zu anspruchsvoll mit ihren seltsamen, sturen kleinen Eigenheiten, nicht wahr?

Erkenntnis Nummer zwei war, dass in Bangladesch die Männer vor den Frauen bedient werden. Zuerst konnte ich es nicht glauben. Bridget ist in Wirklichkeit eine der bescheidensten Personen im Universum und würde nie ein Recht auf irgendeine Sonderbehandlung beanspruchen, aber wir waren beide ziemlich verdattert darüber, dass mein Essen regelmäßig vor ihrem gebracht wurde, ebenso wie während unseres Aufenthaltes auch alle meine anderen Bedürfnisse immer Vorrang hatten. Im Lauf der Zeit entdeckten wir, dass dieser spezielle Aspekt der Bangladeschi-Gesellschaft äußerst schwerwiegende Implikationen für diejenigen hat, die World Vision zu erreichen versucht, doch im Augenblick bedeutete es nur – nun, es bedeutete, dass ich mein Frühstück zuerst bekam.

Wenn ich darüber nachdenke, kommt mir die Idee, dass ich etwas hätte sagen können, aber es wäre sicher falsch gewesen, den Leuten auf die Füße zu treten, meinen Sie nicht auch?

Nachdem wir unseren Tee (gesüßt und ungesüßt) getrunken, unsere Omelettes gegessen und unseren Marmeladentoast verzehrt hatten, kehrten wir in unser Apartment zurück, putzten uns die Zähne mit Wasser aus der Flasche, gerieten über irgendeine Nichtigkeit in einen kurzen, aber scharfzüngigen Streit und machten uns mit Peter auf den Weg, um die Stadt Dhaka in Augenschein zu nehmen.

Dhaka

Die Stadt

B: Wie ist Dhaka eigentlich? Eine nahe liegende Frage, aber selbst, nachdem ich vierzehn Tage in der Stadt und ihrer Umgebung verbracht habe, finde ich es fast unmöglich, sie zu beantworten.

Es herrscht überall eine gewisse Verwirrung, für die jenes erste Gebäude, das ich sah, das entweder gerade gebaut oder abgerissen wurde, vielleicht ein gutes Beispiel war. Überall gibt es Gebäude, die den Eindruck vermitteln, sie würden irgendwie von Seilen und Zementklumpen zusammengehalten, die jemand achtlos daran geklatscht hat wie ein Kind, das mit Knete spielt.

Ich muss an die ersten Menschen bei der Arbeit denken, die ich in der Stadt sah: jene beiden kleinen Jungen, die versuchten, mit ihren kleinen selbst gemachten Besen Staub und herabgefallene Blätter und Zweige vom Eingangsbereich des Krankenhauses gegenüber von unserem Hotel zu kehren. Ihre Aufgabe, die Straße zu reinigen, war absolut aussichtslos, denn der Staub fiel immer weiter und die Bäume hörten nicht auf, ihre Lasten abzuwerfen; und dennoch versahen sie ihren Dienst mit dem unmittelbaren Ziel, sich ein paar Taka zu verdienen (die lokale Währung; hundert Taka sind etwa ein britisches Pfund). Für mich versinnbildlichten diese Kinder die Wirkungslosigkeit des menschlichen Unterfangens, eine Veränderung zum Besseren herbeizuführen. Die Bürger dieser einst schönen Stadt haben eine Haltung des Überdrusses und der Niederlage an sich. Überdruss angesichts der dampfenden, faulenden Abfallhaufen. Überdruss darüber, auf schadhaften, überfüllten, chaotischen und verdreckten Straßen unterwegs zu sein. Überdruss über die ständigen Berichte über Wassermangel oder Wasserverseuchung, über Machtmissbrauch und Gewalt.

Dhaka ist zu einem der wahrhaft hoffnungslosen Fälle unter den urbanen Krisengebieten der Welt geworden. Auf der Flucht vor Dürre, Überschwemmung und Hunger sind ständig Menschen aus den Dörfern auf dem Land in die Stadt geströmt, alles, was sie bei sich hatten, war vermutlich ein bisschen Hoffnung, sonst nichts. Jemand schrieb einmal: „Nur an Not gibt es in dieser ohnehin schon kranken Stadt reichliche Vorräte." Ich kann kaum glauben, dass sechzig Prozent der Bevölkerung in illegal errichteten oder unzulänglichen Behausungen ohne sauberes Wasser wohnen. Über die Hälfte der Einwohner werden von den Vermietern, denen ihre Slums gehören, ausgebeutet, falls sie nicht in einer der Budensiedlungen aus Pappe und Jute wohnen, die nach und nach jeden Zoll freien Bodens einnehmen, selbst die Bereiche am Flussufer, die eindeutig sumpfig oder vom Absacken in den Fluss bedroht sind.

Landräuber müssen nur Bambusmasten in den Boden stecken, um ein Areal in Besitz zu nehmen. Die wackeligen Häuser, die auf diesen schwankenden Säulen gebaut werden, werden dann an Familien vermietet, die um jeden Preis verzweifelt nach einem Dach über dem Kopf suchen.

Dann sind da die einst so schönen Flüsse Buriganga und Shitalakya. In der Vergangenheit waren sie die Lebensadern der Stadt, die sie mit sauberem Süßwasser und einem reichen Fischvorrat versorgten. Doch in den letzten Jahren sind sie zu Kanälen voller giftiger Chemikalien und ungefilterten Abwassers geworden. Fische können in dem tödlichen Gemisch dieser einst sauerstoffreichen Flussläufe nicht mehr überleben. Der Buriganga ist nicht nur durch wahlloses Abladen von Müll am Ufer und ungenehmigte Bauten schmal geworden, sondern auch immer flacher, was für die Sicherheit derjenigen, die an seinen Ufern wohnen, noch bedrohlicher ist. Während der jährlichen Regenzeit tritt das Wasser über die Ufer, was sogleich die Zahl der Obdachlosen in diesem urbanen Höllenloch ansteigen lässt.

Leider ist die Stadt auch, was die Luft angeht, stark gefährdet. Wie einer unserer Führer es ausdrückte: Der Himmel über Dhaka ist nicht blau. Er ist grau.

Auf den Straßen der Stadt gibt es kaum vernünftige Verkehrsmittel und doch hat sich die Zahl der Fahrzeuge in den letzten acht Jahren verzehnfacht, vorwiegend in Form von motorisierten kleinen Rikschas, tödlichen Dreirädern, die das billigste, übelste Benzin verbrennen und den stinkendsten, dreckigsten, schwärzesten Rauch ausstoßen, den man sich vorstellen kann. Im Stau zu stecken gehört in Dhaka zum allgemeinen Lebensstil. Es könnte auch zu einem Todesstil werden. Neben Bleivergiftung droht das Kohlenmonoxyd, das die Sauerstoffaufnahme des Blutes vermindert und zu Herzkrankheiten führt. Gesundheitsexperten halten die Luft für so schlecht, dass es bald unmöglich sein wird zu atmen.

Das Furchtbarste an alledem ist, dass die Menschen von Dhaka die Situation einfach hinzunehmen scheinen. Niemand unternimmt etwas gegen die Verursacher. Keine Vorschriften werden durchgesetzt. Selbst die Polizei trägt Gasmasken!

Schließlich ist da noch der Müll. Leider keineswegs das geringste Problem, auch wenn es zuletzt genannt wird. Die wachsenden Müllberge an jeder Straßenecke sind ein Eldorado für krankheitsübertragende Insekten und Ratten und sondern eine widerliche, giftige Flüssigkeit ab, die im Boden versickert und das Grundwasser verseucht. Schmutziges

Wasser und menschliche Exkremente, Geflügelreste, Kunststoffabfälle und sonstiger Müll verstopfen die Kanalisation, bis der Regen sie hinaus in die Flüsse spült, wo sie den Bürgern von Dhaka einen Cocktail aus Giften servieren, die Durchfall, Ruhr, Gelbsucht und Typhus verursachen. Dazu kommt, dass Experten zu dem Schluss gekommen sind, dass das Unterspülungsproblem, das durch die Überschwemmung von 1998 entstand, durch Plastiktüten bedingt war, die die ohnehin schon kaum durchlässigen Kanalisationsrohre endgültig verstopften. Aus unserer Sicht war der Anblick der winzigen Marktstände, an denen von Fliegen umschwärmtes Fleisch direkt über offenen Abflusskanälen und gleich neben Haufen stinkenden Mülls aller Art verkauft wurde, so widerwärtig, dass sich uns der Magen umdrehte.

Und dennoch. Und dennoch. Mitten in dieser lauten, frustrierenden, schmutzigen Stadt spürten wir eine Energie, einen Pulsschlag der Entschlossenheit, der vielleicht eines Tages wieder die Oberhand gewinnt, wenn er eine Sache findet, die wichtig genug ist, um dafür zu kämpfen.

Verkehr

Nach einem Zeitungsbericht gibt es in Dhaka 45.600 Autos, 8.600 Busse, 1.500 Taxis, 9.900 Lastwagen, 1.500 „Auto-Tempos“ (Taxis für zehn Passagiere), 18.800 motorisierte Rikschas, 26.000 Motorräder, 150.000 Rikschas, 100.000 Rikschas mit Lastbehälter und 3.000 Handkarren.

Das können wir bestätigen. Wir sind ihnen allesamt begegnet.

Rikschas und Schaukelpferde

A: Er war nur ein Rikscha-Radler unter vielen, dünn und mit scharfem Blick, eigentlich nicht anders als alle anderen. Seine scharfen Augen glitzerten hell, jedoch, wie ich vermute, nur vor fieberhaftem Drang, den Job, den er gerade tat, zu Ende zu bringen, um ein paar Takas zu verdienen und den nächsten in Angriff zu nehmen. Mit jedem Quäntchen Kraft in seinem dürren Körper trat er in die Pedalen, sodass seine Wadenmuskeln sich hervorhoben wie zwei harte Knoten in dünnen Seilen. Sein Anblick erinnerte mich an etwas. Als ich an jenem Abend im Hotel in meinem Bett lag, fiel mir wieder ein, was es war.

Eine meiner Lieblingsgeschichten ist *The Rocking Horse Winner* von D. H. Lawrence. Die Hauptfigur ist ein Junge, dessen Vater gestorben ist. Seine verwitwete Mutter müht sich ab, um mit ihrem geringen Einkommen einigermaßen mit Anstand über die Runden zu kommen, doch mit wenig Erfolg. Die ganze Luft ist angefüllt mit finanzieller Not. Das große, teure Haus scheint geradezu hörbar nach mehr Geld zu verlangen, als wäre es ein lebendiges Wesen. In seinem verzweifelten Bemühen, zu helfen und Erlösung von der ständigen Belastung zu finden, entdeckt der Junge, dass er, wenn er schnell und lange genug auf dem alten Schaukelpferd im Kinderzimmer reitet, die Namen der Sieger bei den Pferderennen des nächsten Tages empfängt. Mit Hilfe des Gärtners und später seines Onkels schafft er es, insgeheim große Geldsummen zu gewinnen, die er seiner Mutter zukommen lässt, ohne dass sie ahnt, woher sie stammen. Leider muss er dazu das Schaukelpferd jedes Mal schneller und länger reiten, während der Ruf nach mehr Geld immer noch durchs Haus pulsiert. Nach einem letzten, ungestümen Ritt ruft der Junge seinem Onkel noch den Namen des morgigen

Siegerpferdes zu, bevor er vor Erschöpfung fiebernd zusammenbricht. Am Ende des folgenden Tages hat das Pferd genug Geld gewonnen, um die Familie endlich aller finanziellen Probleme zu entheben, aber der Junge ist tot.

Daran erinnerte mich der Rikscha-Fahrer.

Apfel-Optimisten

B: Sie waren zu viert. Barfüßige Jungs im Alter von vielleicht sechs bis zwölf Jahren. Mitten im dichtesten Verkehrsgewühl, zwischen den Fahrzeugschlangen, stellten sie einen Karton auf. Ich beobachtete sie, aber sie achteten nicht im geringsten auf ihre Umgebung. Offensichtlich war ihr Geschäft noch nicht geöffnet, denn sie waren noch dabei, ihre Ware sorgfältig auszulegen. Diese „Ware" bestand aus etwa einem Dutzend kleiner, gelblicher, angestoßener Äpfel, die, ihrem Aussehen nach zu urteilen, vermutlich an einem der geringfügig anspruchsvolleren Stände über dem offenen Abflusskanal auf der anderen Straßenseite für zu schlecht befunden worden waren. Das Unternehmer-Quartett war vollkommen konzentriert damit beschäftigt, diese unansehnlichen kleinen Früchte so hinzudrehen, dass für Passanten wie uns so wenige braune Stellen wie möglich sichtbar waren. Nach einer hitzigen Debatte drehte einer von ihnen einen der Äpfel um vierzig Grad, während die anderen voller Ernst die Wirkung studierten. Sie legten die Köpfe schief, als musterten sie ein Meisterstück in einer Kunstgalerie. Dann nickten sie entweder befriedigt oder drehten den Apfel noch um ein paar Grad weiter.

Ich weiß nicht, wie der Ertrag ihres Unternehmens ausfiel, doch dies war vielleicht mein deutlichster Eindruck vom Optimismus der Bangladeschi während unseres gesamten Aufenthaltes.

Verbrechen in der Stadt

Am 7. Januar wurden innerhalb von 12 Stunden 12 Busse geplündert, doch niemand kam den betroffenen Passagieren zu Hilfe, niemand von der Polizei, niemand von der Vielzahl der Zivilisten. Am späten Abend des Eid-Tages wurde der Sohn eines hochstehenden bimanischen Beamten von einigen seiner Freunde erschossen. Früh am nächsten Morgen wurde ein Staatssekretär das Opfer von Räubern ... während ein Polizeistreifenwagen in Sichtweite der Räuber parkte. ... Wir stehen vor einer Situation, in der Terroristen, die sich den Anschein geben, legalen Geschäften nachzugehen, vor den Augen der Strafverfolgungsbehörden ihr Unwesen treiben können. ... Sie können die Polizei bestechen, sich hinter ihren Geschäftspaten und politischen Mentoren verstecken. ... Wir dürfen nicht zu einem Niemandsland verkommen, in dem „Paten" und ihre „Mastans" das Sagen haben, unter dem Gesetz der Schwerbewaffneten und der Hilflosigkeit demokratisch gewählter Regierungen ...

Dhaka Independent, *Montag, 17. Januar 2000*

Es gibt nichts anderes

B: Fast unter den Rädern unseres Autos, mitten im Rikscha-Stau, kauerte ein Mann. Sein Verkaufsstand nahm nicht mehr Platz in Anspruch als sein eigener hockender Körper. Er bestand aus einer hölzernen Orangenkiste, bedeckt mit weißem Papier, auf der er ein paar zerquetschte Weintrauben und drei kleine Häufchen Orangen ausgelegt hatte. Während ich ihn beobachtete, schälte er geistesabwesend eine davon, teilte die Segmente mit den Spitzen seiner langen, knochigen Finger und legte das Ergebnis wie eine geöffnete Rose auf ein zusammengefaltetes Stück Papier. Dann glitt sein Blick zur Seite und er regte sich nicht mehr. Von dem Chaos um ihn her schien er nichts zu merken. Er machte nicht den geringsten Versuch, irgendjemanden zum Kauf seiner Ware zu bewegen, und ich fragte mich: „Wer in aller Welt würde sich von seinem wackeligen Rikscha-Sitz herunterbeugen oder das Autofenster herunterkurbeln, um sich Obst zu kaufen, das nur Zentimeter von den Dreck aufwirbelnden Rädern dieses Verkehrs liegt?"

An der Ausdruckslosigkeit in den Augen des Standbesitzers, die ziellos in die Ferne starrten, erriet ich, dass er meinen Pessimismus teilte. Auch er rechnete nicht damit, dass jemand etwas kaufen würde, genauso wenig wie gestern und vorgestern (das Obst sah schon ziemlich alt aus!).

Dennoch, überlegte ich, als ich am Abend auf dem Balkon unseres Hotelzimmers saß, auf die stille Straße hinabschaute und über alles nachdachte, was wir an diesem Tag gesehen hatten, wird er vermutlich morgen denselben kleinen behelfsmäßigen Stand mit demselben angefaulten Obst aufbauen, und das mit demselben resignierten Mangel an Hoffnung und Energie. Das ist nun einmal sein Job. Es gibt nichts anderes.

Armut auf der Straße

A: *Die Armut klopft an unser Autofenster*
Aber ich weiß, wie man das macht
Ganz ruhig bleiben, nicht in die Augen schauen
Beziehung ist fatal
Achte nicht auf stumme Fragen
Gib niemals eine Antwort
Auf keinen Fall darfst du erklären
Sag nicht:

Schau her, du hast das nicht verstanden
Ich bin auf deiner Seite
Ich bin auf Kosten einer internationalen Organisation hier
Für die soll ich ein Buch hier schreiben
Das soll den Armen helfen
Der Erlös geht dann an dich
Na ja, nicht an dich persönlich, aber an Leute wie dich
Vielleicht ein bisschen jünger und –
He, hör endlich auf, am Fenster anzuklopfen, ja?
Geh weg – ich sage doch, die Armen liegen mir am Herzen
Uns allen hier, die wir in diesem Auto sitzen
Nein, nein, es geht nicht nur um das
Was du jetzt gerade brauchst
Du musst dahin, wo ein Projekt besteht
So funktioniert das – es geht nicht anders, weißt du
Das muss korrekt organisiert sein
Die einmaligen Spenden bringen nichts, denn –
Verschwinde von dem Fenster
Hast du mir denn gar nicht zugehört?
Es geht nicht darum, dass du gerade Hunger hast
Versuch doch zu verstehen
Auf die Gesellschaft kommt es an
Veränderung, die Menschen hilft,
Geht nicht von heut auf morgen
Nun nimm doch bitte deine leeren Augen
Und deine ausgestreckten Hände von mir weg
Ich will dich nicht
Du bist entsetzlich dünn
Du gehst mir an die Nieren
Als Armut an die Scheibe unseres Autofensters klopfte
Da wusste ich, wie man das macht.

A: „Also der Mann da", sagte ich ernsthaft zu Dhiman, „sieht ja höchst interessant aus!"

Wie wir alle wissen, leben wir im Zeitalter der Political Correctness, und als einigermaßen naive Reisende, die in einem fernen Land zu Gast waren, entwickelten wir rasch eine Neigung, alles, was wir zu Gesicht bekamen, wahllos mit Respekt, Ehrfurcht und Bewunderung zu überschütten. Wahrscheinlich war das auch teilweise eine Reaktion auf den seltsamen, gegenstandslosen Starrummel, den man um uns veranstaltet hatte, seit wir in Dhaka gelandet waren. All die netten und hilfsbereiten Leute, denen wir begegnet waren, hatten sich vielfach voller Ehrfurcht und Begeisterung darüber geäußert, was für „berühmte Schriftsteller aus England" wir doch seien, aber soweit ich feststellen konnte, hatte noch keiner von ihnen irgendetwas von uns gelesen. War vielleicht auch besser so …

Dann war da der Umstand, dass wir weiße Europäer waren, gekommen, um dieses oder jenes zu tun, was irgendwie den Armen von Bangladesch von Nutzen sein würde. Hilfe! An manchen Stellen spürten wir eine völlig überzogene Erwartung, als hingen gewichtige finanzielle oder politische Entscheidungen davon ab, wie wir auf das reagierten, was man uns zeigte. In den Slums selbst ist ein weißes Gesicht ein so ungewöhnlicher Anblick, dass sich eine Menschenmenge versammelte, wo immer wir auch hinkamen, besonders wenn wir entweder von einer eng verbundenen, liebevollen ortsansässigen Familie, einem kleinen Gefolge von World-Vision-Mitarbeitern, einer Filmcrew oder einem Mann mit einer sehr großen und teuren Kamera oder aber von allen diesen begleitet wurden. Bei einer denkwürdigen Gelegenheit blieben wir stehen, um in einem der zur Straße hin offenen Läden Saris zu kaufen. Binnen Minuten waren wir von einer riesigen, lärmenden Menge umringt, in der jeder Einzelne es als seine persönliche Aufgabe betrachtete, uns in unserer Wahl eingehend und detailliert zu beraten.

Mit der Zeit führt dieser befremdliche, hohle Ruhm zu einem Leiden, das ich nur als eine Art „Herzog-von-Edinburgh-Syndrom“ bezeichnen kann. Die Symptome bestehen darin, dass man absichtlich jeden Aspekt seiner Umgebung betrachtet wie ein liebenswerter Schwachkopf und sich mit einem leisen Anflug von Panik für alles und jedes begeistert, aus Angst, man könnte irgendetwas übersehen oder vernachlässigen, das zufällig für irgendeinen der Anwesenden von überragender Bedeutung ist. Mit der Zeit hatte ich das Gefühl, dass ich, wenn ich noch ein paar Mal die Worte „Erstaunlich! Wunderbar! Enorm!“ aus Bridgets Mund hörte, den Verstand verlieren und mit einem zusammengerollten Projektbericht auf sie einschlagen würde. Aber andererseits machte ich selbst es ja genauso …

Doch zurück zu dem „höchst interessanten“ Mann, auf den ich unseren Fahrer hinwies. Zunächst sollte ich vorausschicken, dass in den Straßen von Dhaka keineswegs ein Mangel an höchst interessanten Leuten herrscht. Manche von ihnen sind einfache Bettler, hoffnungslos und hungrig, andere wieder sind höchst kunstreiche Bettler, die ihre jeweiligen Aufführungen (erbarmungswürdiges kleines Kind führt greisen blinden Großvater an der Hand, zum Beispiel) ausgefeilt und bis zu einem hohen theatralischen Niveau verfeinert haben. Es gibt kerzengerade gehende Männer mit wilden Schnurrbärten, wie man sie mit britischen Offizieren von der alten, vornehmen, bellenden Sorte assoziiert, das Haar an den Seiten und im Nacken stramm gestutzt, wie man es in England heutzutage kaum noch sieht. Und dann ist da noch die große Vielfalt heiliger Männer, deren Benehmen und Kleidung jemanden wie mich, der als zahlendes Mitglied der Kirche von England selbst das Benehmen und die Kleidung anglikanischer Geistlicher etwas sonderbar findet, immer wieder in Erstaunen versetzt.

Der Mann, den ich gesehen hatte, schien einer dieser Priester oder heiligen Männer zu sein. Unser Wagen war wieder einmal in dem zähen Brei aus klingelnden, hupenden und trompetenden Fahrzeugen stecken geblieben, sodass ich ihn fast eine Minute lang ausgiebig mustern konnte. Er stand am Straßenrand und sah in der Tat ziemlich beeindruckend aus: eine hochgewachsene, kantige, Ehrfurcht gebietende Gestalt, gekleidet von Kopf bis Fuß in einen glänzenden schwarzen Stoff, der ähnlich wie das Kostüm eines Pantomimen geschnitten war. Er hätte den bösen Onkel Abanazar im Stück *Aladin* spielen können. Das Haar des Mannes war straff nach hinten gekämmt und zu einer Art ungleichmäßigem schwarzen Heiligenschein zusammengebunden, ähnlich geformt wie die Schwanzfedern eines Truthahns. Das lange, schmale Gesicht mit den fanatischen Augen, der Hakennase und dem streng zusammengekniffenen Mund wurde noch weiter in die Länge gezogen durch einen dünnen, schwarzen Bart, der sich gut und gerne einen halben Meter abwärts erstreckte, bis er sich am Ende fein säuberlich einrollte wie eine jener Papiertröten, in die man auf Faschingspartys pustet. Mir schien, dass der Mann seinen Bart absichtlich so drapiert hatte, damit er zu seinen langen, spitzen Schuhen passte, deren Spitzen auf die gleiche Weise eingerollt waren. Um den Hals trug das Objekt meiner Musterung eine Vielzahl von Lederschnüren, an denen die verschiedensten Anhänger und geschnitzten Figuren von offenkundig kabbalistischer Art hingen.

Was mich aber am meisten faszinierte, war sein Verhalten. In unregelmäßigen Abständen beugte sich die hochgewachsene, dunkle Gestalt hinab und streckte einen langen, dünnen Arm nach unten aus, um eine Hand voll Erde oder Schlamm vom Straßenrand aufzuheben. Damit salbte er sodann seine Stirn, seinen Mund und seine Brust mit ernsten, feierlichen Bewegungen, wobei seine Lippen sich rasch bewegten. Die Worte waren unmöglich zu hören und ich hätte sie sowieso nicht verstanden, aber mir schien, dass er seine rituellen Handlungen mit heiligen Gesängen oder Gebeten begleitete.

„Dhiman“, sagte ich und deutete hin, „sehen Sie den Mann da drüben?“

Er beugte sich über mich hinweg und spähte durch das Seitenfenster. „Aaah ja“, dröhnte er mit seiner schwerfälligen, tiefen Stimme.

„Also“, sagte ich ernst, wobei ich das alte Herzog-von-Edinburgh-Leiden wieder in mir aufsteigen spürte, „ich nehme an, das ist so eine Art Priester oder heiliger Mann. Wissen Sie, mir ist aufgefallen, dass er sich immer mit dem

Dreck von der Straße berührt. Es ist fast so, als – nun, es ist fast so, als wollte er auf eine – wie soll ich sagen? – auf eine sühnende Weise die Essenz der Stadt berühren. Ich habe mich nur gefragt, ob Sie ein Wort für Leute wie ihn haben oder für Leute, die so etwas tun?"

Dhiman starrte noch ein paar Augenblicke zu dem Mann hinüber. „Oh ja", sagte er dann und nickte weise mit dem Kopf, „wir haben durchaus ein Wort für Männer wie den da. Wir nennen sie Verrückte."

„Ah ..."

Spucken

B: Auf den Straßen von Bangladesch wird eine Menge gespuckt. Dauernd hört man, wie Leute sich ausgiebig räuspern, und sieht schleimige grüne Projektile durch die Gegend fliegen, was, wie ich zugeben muss, nicht gerade zur Anziehungskraft dieser Stadt für Reisende beiträgt. Natürlich ist es nur vernünftig – der Staub ist tödlich, und ich bin sicher, dass jeder hier mit einer „Lieber-draußen-als-drinnen"-Philosophie aufwächst. Dennoch muss ich gestehen, dass ich sehr froh bin, dass unsere Ankunft auf den Eid-Tag fiel, an dem das Ende des Ramadan begangen wird. Dieses hohe islamische Fest macht allen Menschen das Leben ziemlich schwer. Achtundzwanzig Tage lang darf von Sonnenaufgang bis Sonnenuntergang weder Essen noch Wasser und nicht einmal Speichel heruntergeschluckt werden. Nur die Fahrer der pedalgetriebenen Rikschas, die jedes Quäntchen ihrer spärlichen Kräfte brauchen, sind von dieser anstrengenden religiösen Fastenzeit ausgenommen. Darum müssen sich alle guten Muslime während des neunten Monats des islamischen Jahres (Dezember/Januar) dabei sehen lassen, wie sie zu jeder Tages- und Nachtzeit, wo sie gehen und stehen, energisch ausspucken. Diesen erhebenden Anblick haben wir nur um eine Woche versäumt! Danke, Peter Scott. Danke, Gott!

Hühnchen

B: Bei unseren Fahrten durch das Meer der dahinjagenden Rikschas, die stark an die komischen kleinen Autos aus den frühen, mit Kurbelkamera gedrehten Stummfilmen erinnern, gibt es Muster, die immer wieder auftauchen, so als ob wir ständig dieselbe Filmrolle erneut einlegen würden. Hier ist dieser Bus, dessen Dach voll ist mit dicht gedrängten Leibern, dort ist der unvermeidliche Bettler und hier ist der Bambuskarren mit seiner lächerlich kopflastigen Ladung.

Und auf jeder Rolle ist ein lebendiger Hahn dabei, kreischend und flatternd, den Hals von einer Faust am Ende eines ausgestreckten Arms umklammert.

Warum? Es ist fast so, als hätte ein exzentrischer Filmproduzent die Notwendigkeit gesehen, der bereits herrschenden allgemeinen Kakophonie noch weitere Soundeffekte hinzuzufügen. Nach dem vierten Hahn musste ich einfach die Frage stellen.

Dhiman, die Quelle all unserer Weisheit, schien überrascht über meine Unwissenheit. „Die Leute sind wahrscheinlich unterwegs, um ihre Angehörigen zum Abendessen zu besuchen. Es ist ja immer noch Festzeit. Es käme ihnen niemals in den Sinn, mit leeren Händen zu erscheinen.“

Das leuchtete mir ein. Bei unseren kurzen Begegnungen mit den Leuten dieses Landes war uns ihr großzügiges Wesen aufgefallen.

Doch damit war der Kern meiner Frage noch nicht beantwortet; also versuchte ich es noch einmal. „Aber wäre es nicht einfacher, den Hahn erst zu schlachten, damit sie ihn nicht kreischend und flatternd durch die ganze Stadt tragen müssen?“ – *und ihn dabei entsetzlich quälen,* fügte ich in Gedanken hinzu.

„Aber dann wäre er ja nicht mehr frisch.“

Ende des Gesprächs.

Wieder einmal überließ ich mich dem heißen Strom der Verlegenheit, an den ich mich allmählich gewöhnte. Keine Kühltaschen, keine Kühlschränke. Klar, es lag nahe, den Fleischgang nach Möglichkeit lebendig zu transportieren.

Ich glaube, an diesem Nachmittag stellte ich keine weiteren Fragen mehr.

Jahrmarkt

B: Überall mitten im Verkehr gibt es Kinder. Sie spähen auf unzähligen Rikschas hinter ihren Eltern hervor, hocken vorn auf den Fahrradlenkern, sitzen schwankend auf Säcken voller Mehl und Reis auf unzähligen wackeligen Bambuskarren, klammern sich irgendwie auf den Dächern von Bussen fest. Die schiere Vielzahl von Kindern, die an einem ganz normalen Wochentag nicht in der Schule sind, verleiht dem Treiben in der Stadt die Atmosphäre eines altmodischen Jahrmarktes. Das ist besonders dann so, wenn man dicht an ihnen vorbeikommt und sie einem lächelnd zuwinken, während sie sich an dem goldfarben gestrichenen Stützmast ihrer bunten Rikschas festklammern, als wäre ihr Gefährt geradewegs aus einem Karussell entflohen.

Gegen den Strom

A: Wie ein Heftpflaster auf einer verletzten Pulsader, wie eine Sandburg bei Sturmflut, wie ein Lemming, der es sich anders überlegt und am Rand der Klippe kehrtmacht, so stemmt sich ein Verkehrspolizist in Dhaka dem farbenfrohen Strom der Fahrzeuge entgegen, die ihm an jedem Arbeitstag entgegenbranden.

Diese tapferen oder tollkühnen Männer sind leicht zu erkennen. Sie tragen eine unverwechselbare Uniform aus weißen Hosen im Jodhpur-Stil, blauen Hemden und weißen Helmen. Bewaffnet sind sie mit einer Pfeife (die etwa so wirkungsvoll und nützlich ist wie diejenige, die man bekommt, um darauf zu pfeifen, wenn man aus einem Flugzeug fällt und mitten im Atlantik landet, Tausende von Meilen vom nächsten lebenden Menschen entfernt) und einem Stock (vermutlich dazu gedacht, wild auf die Leute einzugestikulieren). Das Verblüffende und Mitleiderweckende an diesen uniformierten Männern mit ihren Pfeifen und ihren Stöcken ist, dass, soweit wir es feststellen konnten, nicht ein einziger Mensch, der auf jenen breiten, staubigen Straßen auf Rädern unterwegs war, ihnen auch nur den leisesten Anflug von Aufmerksamkeit schenkte.

Wie überlebt man in einer solchen Rolle, ohne jede Würde zu verlieren?

Die Lösung scheint darin zu liegen, dass man den Eindruck erweckt, als ob man selbst dieses Chaos gutheiße oder gar steuere. Häufig sahen wir einen dieser weißbehelmten Männer flach gegen einen Mast am Straßenrand gepresst stehen und mit strenger Miene die achtlose horizontale Lawine von Fahrzeugen durchwinken, sodass es fast aussah, als ob die Fahrer, sobald er mit seiner schwächlichen Handwedelei aufhörte, nicht mehr in der Lage sein würden, der teuflischen

Versuchung zu widerstehen, ganz langsam in schn
den, disziplinierten Reihen die Straße entlang zu
Genauso gut könnte ein Lehrer seine Schüler ermahnen
in zwangloser Konversation zu üben, wenn er sie nicht davon abhalten kann, miteinander zu schwätzen.

Ich bin keineswegs sicher, ob diese Strategie, aufs Ganze gesehen, klug oder töricht ist, die Zuflucht eines Feiglings oder einfach die Strategie eines Überlebenskünstlers. Was ich weiß, ist nur, dass es mich sehr an das gegenwärtige Verhältnis zwischen Kirche und Moral in unserem Land erinnert hat. Wie das wohl kommt?

Wo das Herz ist

A: Okay, hier ist eine Rätselfrage für Sie. Wo haben Bridget und ich Ihrer Meinung nach während unserer Reise die meisten anderen Weißen getroffen?

In Restaurants? Hotels? Auf Flughäfen? In Souvenirläden?

Nun, zunächst einmal sollte ich Ihnen sagen, dass die Gesamtzahl der weißen Gesichter in den Slums und auf dem Land sich auf – lassen Sie mich das schnell zusammenrechnen – ja, genau auf Null belief, Bridget und mich nicht mitgerechnet, versteht sich. Es war wie bei der Menge und der Sorte der Brote, die meine Mutter immer kaufte, um ihre drei heranwachsenden Söhne satt zu bekommen: Wir waren zwei große weiße Brotlaibe inmitten unzähliger kleiner brauner Bangla-Brötchen.

Selbst in der Hauptstadt Dhaka musste man eine ganze Weile angestrengt suchen, bis man auf ein weißes Gesicht stieß – es sei denn, man wusste, wo man suchen musste. Und wo, meinen Sie, war das wohl?

Die Antwort ist, wie Sie vielleicht inzwischen erraten haben: in der Bank. Ich musste in eine Filiale der Grindley's-Bank gehen, um mein englisches Geld in Takas umzutauschen, und dort entdeckte ich plötzlich ein lebhaftes, emsig beschäftigtes Nest von Leuten mit weißen Gesichtern, allesamt eifrig dabei, Geld zu zählen und Geld einzuzahlen und Geld abzuheben und Erkundigungen über Geld einzuziehen und Entscheidungen über Geld zu treffen. Und einer von ihnen war ich.

Ich registrierte meine eigene Reaktion auf meine Anwesenheit in der Bank mit großem Interesse und leisem Entsetzen. Eines der Dinge, die uns schon gleich zu Beginn unserer kurzen Begegnung mit diesem Teil der Dritten Welt aufgefallen waren, ist, dass Armut mehr unregelmäßige Formen als gerade Linien hervorbringt. Genau genommen ist Armut, ganz allgemein gesprochen, schöner anzusehen als Wohlstand. Gebäude und Geschäfte können aussehen wie von Lampen erleuchtete Höhlen oder halb fertig gestellte Kathedralen; auf den Straßen herrscht ein buntes Durcheinander aus Menschen, Abfall und Fahrzeugen, allesamt betrachtet durch den allgegenwärtigen Staubschleier, der die harten Umrisse weichzeichnet und der Szene eine gewisse filmische Schönheit verleiht, auch wenn er einem die Atemwege zusetzt.

All das gab Anlass zu interessanten kleinen Einträgen in den hübschen kleinen Notizbüchern zweier gewisser englischer Schriftsteller, die Material für ein hübsches kleines Dritte-Welt-Buch suchten. Aber es verursachte mir auch ein ziemlich unbehagliches Gefühl. Ich war überrascht, zu entdecken, wie stark mein Sicherheitsgefühl offenbar immer von der vagen Vermutung abgehangen hatte, dass „die" die Sache mehr oder weniger im Griff haben. In Großbritannien werden Straßen repariert. Bauvorschriften verhindern die

Errichtung ungeplanter, instabiler Gebäude. Es gibt Vorschriften für Straßenbenutzer, die von Zeit zu Zeit sogar durchgesetzt werden. Metzger dürfen keine Fleischstücke anbieten, die von Fliegen bedeckt über offenen Abflusskanälen hängen. Man könnte den Katalog endlos fortsetzen. Mancher lacht vielleicht, wenn er diese Liste liest, und weist darauf hin, dass all diese Richtlinien auch bei uns nur unvollkommen eingehalten werden. Aber wenn man nicht die totale Beliebigkeit kennen gelernt hat, die an einem Ort wie Dhaka herrscht, kann man den Unterschied einfach nicht ermessen. Die formlose, undurchschaubare Infrastruktur dieser aus der Spur geratenen Stadt vermittelt das Gefühl, als ruhten ihre vier Ecken sozusagen auf den dünnsten, wackeligsten Stelzen, die man sich vorstellen kann, und es müsste nur ein kräftiger Wind oder etwas mehr Gewicht hinzukommen, um das ganze Gebilde zum Einsturz zu bringen.

Ob zu Recht oder zu Unrecht, als ich jene fest gebaute Bank betrat, kam es mir vor wie ein Trunk kühlen Wassers an einem glühend heißen Tag. Der geschmackvoll eingerichtete, hohe Innenraum war voller Ruhe, Ordnung, Höflichkeit, voller rechter Winkel und gerader Linien. Die Gespräche an den verschiedenen Schreibtischen und Schaltern wurden in dem gedämpften, ehrfürchtigen Ton geführt, der der alles durchdringenden Gegenwart des großen Gottes Mammon angemessen war, der meistverehrten Gottheit von allen.

Es ist wahr, dass ich in den wenigen Minuten, die ich an diesem kühlen, ursprünglichen Ort verbrachte, ein Gefühl der Geborgenheit empfand. Aber ich muss auch ehrlich sein. Als ich wieder hinaus auf die staubige Straße und in den Verkehrslärm trat, fühlte ich mich, so versponnen es klingen mag, ein bisschen weniger sauber, als bevor ich hineingegangen war.

Dhiman

A: Wir entwickelten eine große Zuneigung zu Dhiman, dem Mann, der uns während unserer vierzehn Tage in Bangladesch fuhr. Er war sehr kompetent und zuverlässig und ein Mann von wenig Worten. Doch eines Tages erzählte er uns ein wenig von seiner Geschichte.

Dhiman und seine Frau, beide hinduistischen Glaubens, wünschten sich sehnlichst ein Kind, doch aus verschiedenen Gründen schien dieser Wunsch nicht in Erfüllung zu gehen. Eines Tages gingen sie zusammen zu einer christlichen Versammlung und wurden beide „gezappt" oder „im Geist dahingerafft" oder wie immer man es nennen will, wenn Gott beschließt, dass man auf dem Rücken landet, wenn man gar nicht damit rechnet. Kurz nach diesem Erlebnis wurde Dhimans Frau schwanger. Beide brachten diese freudige Entwicklung mit den Ereignissen auf der Versammlung in Verbindung, und vielleicht hätte sich Dhiman an Ort und Stelle bekehrt, wäre da nicht die Angst seiner Frau gewesen, dass ein so radikaler Glaubenswechsel zu einem furchtbar destruktiven Konflikt mit ihren nächsten Angehörigen führen würde.

„Aber", sagte Dhiman mit seiner tiefen, bedächtigen Stimme, „Gott hat mir meinen Sohn gegeben, und darum werde ich ihn als Christen erziehen."

„Und Sie selbst?", fragten wir, nachdem wir diese Geschichte gehört hatten. „Sind Sie ein Christ?"

Dhiman lächelte und schmunzelte und wollte uns keine klare Antwort geben. Aber darauf kam es auch nicht an, denn nach zwei Wochen in seiner Gesellschaft kannten wir die Antwort sowieso.

Tuital

Die Straße

A: Lieben Sie es auch so wie wir, wenn ein Tag frisch und schön anfängt? So einen Morgen spendierte uns Gott an dem Dienstag, als Bridget, Peter, Sujit, Dhiman und ich uns auf den Weg nach Tuital machten.

Die Straße, die uns von der Stadt wegführte, war ein langer künstlicher Grat, der sich wie eine knochige Wirbelsäule über die ewig grünen und braunen Flächen der Reisfelder, Senfplantagen und gelegentlichen Viehweiden erhob. Auf beiden Seiten gab es auf der riesigen Ebene verstreute Dorfinseln, geschaffen, um den unvermeidlichen Überschwemmungen später im Jahr zu trotzen, wie fantastische Pilze, gekrönt mit grüner Vegetation und zusammengewürfelten Gebäuden.

Wir hatten gewusst, dass unsere Fahrt von Dhaka nach Tuital, zuerst im Auto und dann mit dem Boot, eine lange Reise werden würde. Daneben erwies sie sich aber auch als ausgesprochen aufregend, um es milde auszudrücken. Wie immer hatten wir reichlich Anlass, dankbar zu sein, dass Dhiman, unser superkompetenter Fahrer, am Steuer saß. Hin und wieder kam uns auf der schmalen, unebenen Straße ein Bus entgegen, schnaubend und galoppierend wie ein wütender Wasserbüffel, der sein Territorium verteidigt, die Passagiere drinnen eingezwängt wie Plüschtiere, die man in ein Einmachglas gestopft hatte, oder auf dem Dach und an den Seiten klebend wie Kletten. Bei jeder dieser Begegnungen schien uns ein kalter Stein im Magen zu liegen. Eben erst hatten wir einen Artikel in einer Tageszeitung aus Dhaka gelesen, in dem von den vielen Todesfällen bei Unfällen mit Bussen auf diesen Straßen die Rede war. Dhiman jedoch spielte mit den Fahrern dieser wütenden Monster seelenruhig das „Hühnchen-Spiel" – wer als Erster ausweicht, ist das Hühnchen. Meistens gewann er, aber manchmal mussten wir auch ausweichen, und dann schwenkten wir abrupt an den Straßenrand und kamen der äußersten Kante des Grates gefährlich nahe.

„Hör mal", flüsterte ich Gott eindringlich mit zusammengebissenen Zähnen zu, nachdem das zum dritten Mal passiert war, „wir wollen ja in den Himmel, aber nicht an einem so schönen Morgen."

Nicht einmal die Rikschas blieben uns hier außerhalb der Stadt erspart. Gewiss waren es erheblich weniger, aber da wir mit einer Geschwindigkeit unterwegs waren, die auf den verstopften Straßen der Stadt unerreichbar war, stellten die langsamen, pedalgetriebenen Fahrzeuge eine erheblich größere Gefahr dar, wenn wir einem davon begegneten, das uns klingelnd um die Ecke entgegenkam oder aus einer Seitenstraße ausscherte. Nach der neunten oder zehnten dieser Begegnungen kam ich mir vor, als steckten wir in einem der Computerspiele, die meine Kinder im Lauf der Jahre gespielt hatten. Die Rikschas waren wie jene Schwärme unbedeutender Gegner, die „gefressen" oder erobert werden mussten, damit man das eigentliche Ziel erreichen konnte. Genau wie in jenen Spielen tauchten sie unerwartet in einem Aufblitzen von Farbe vor uns auf und schienen dann unter unseren Rädern so leicht und spurlos zu verschwinden, als hätten sie aufgehört zu existieren, sobald wir sie überholt hatten.

Von Zeit zu Zeit führte unsere Route durch die Hauptstraße eines Dorfes, dessen Bewohner entweder fieberhaft geschäftig oder völlig bewegungslos waren, genau wie ihre Gegenstücke in der Stadt. Die überraschend zahlreichen

Geschäfte waren klein oder groß, spärlich oder reichlich sortiert, vermutlich je nach dem Wohlstand ihres Besitzers. Alle waren jedoch schief und dilettantisch gebaut und allen war die rohe, asymmetrische Aura von Unternehmen gemeinsam, die aus dem erwachsen sind, was das Land selbst hergibt. Bankkredite waren in dieser Gegend wohl kaum zu bekommen.

„Ich schätze", sagte ich zu Peter, als wir durch eines dieser Dörfer fuhren, „in mancher Hinsicht müssen die ärmlichsten Läden im viktorianischen England so ähnlich ausgesehen haben wie das hier. Lauter kleine Höhlen und Schuppen und Baracken in allen Größen, die bei Nacht mit Kerzen und Öllampen und hin und wieder mit einem offenen Feuer beleuchtet werden."

„Vielleicht", erwiderte er. „Aber ich würde sagen, es ist sogar noch primitiver – eher so wie vor dem großen Brand von London, wenn du mich fragst. Jeder schlägt sich allein durch."

Endlich machten wir Halt, um uns die Beine zu vertreten und etwas von dem Wasser zu trinken, das wir in Flaschen mitgenommen hatten. Als ich einen schmalen, von Bäumen gesäumten Weg in der Nähe der Stelle, wo unser Wagen stand, entlangschlenderte, ertappte ich mich bei einem kleinen Gedankenspiel, das ich seit meiner Kindheit gespielt habe – und zwar immer dann, wenn ich an einem fremden oder fernen Ort war.

Angenommen, sagte ich zu mir selbst, anstatt mit dem Auto hierher gefahren zu werden, wäre ich ganz plötzlich wie durch Zauberei von England hierher versetzt worden und müsste irgendwie wieder nach Hause finden. Würde ich überhaupt darauf kommen, dass ich in Bangladesch bin? Würde ich in Panik geraten? Was würde ich denken, wenn ich diesen Weg entlangginge und auf eine Reihe dieser ulkigen kleinen Läden stieße, voll mit Leuten, die plötzlich ihre Tätigkeit unterbrechen und mich verständnislos anstarren und sich fragen würden, was dieser seltsame Mensch da wohl in ihrem Dorf verloren hätte? Würde ich es wagen, sie um Hilfe zu bitten? Vermutlich schon, aber die ganze Sache kam mir doch sehr fremdartig vor. Das Gefühl der Ferne und des Abgeschnittenseins jagte mir einen kleinen Schauder über den Rücken.

Im gleichen Moment bog ich um eine Ecke, trat aus den Bäumen auf einen großen freien Platz hinaus und blieb wie angewurzelt stehen. Ich war so gut wie zu Hause.

Vor meinen Augen fand ein Kricketspiel statt.

Natürlich wusste ich, dass die Nationalmannschaft Bangladeschs kürzlich einen herausragenden Sieg über ihren Erzrivalen Pakistan errungen hatte. Nun aber hatte das Kricketfieber offensichtlich die Jugend des Landes erfasst.

Diejenigen, die nicht der weltweiten Bruderschaft der Kricketbegeisterten angehören, werden kaum begreifen können, warum der Anblick einer Schar barfüßiger Kinder, die auf einem Stoppelfeld vor einer Schule Kricket spielten, mit einer lustlos als Feldspielerin agierenden Kuh, mein Herz mit Frieden erfüllte. Aber so war es. So war es immer, wenn ich Leute Kricket spielen sehe, und so wird es immer sein. Wer behauptet, im Himmel werde es kein Kricket geben, der ist einer bedauerlichen Täuschung erlegen und mit an Sicherheit grenzender Wahrscheinlichkeit auf einem theologischen Irrweg.

Der Rest unserer Reise machte die Überquerung zweier Brücken erforderlich, die beide genau in der Mitte eine klaffende Lücke aufwiesen. In beiden Fällen stiegen wir alle, mit Ausnahme unseres furchtlosen Fahrers, mutig aus dem Wagen. Wir, die wir jenseits der Lücke in Sicherheit standen, bissen die Zähne zusammen und signalisierten Dhiman mit heftigem Winken, in welche Richtung er das Lenkrad um eine Winzigkeit drehen musste, während er den Wagen vorwärts kriechen ließ, die Räder rechts und links um wenige Millimeter an der Gefahrenzone vorbei.

So farbenfroh, interessant und spannend sie auch war, als diese vierstündige, holperigste Fahrt unseres Lebens vorbei war, waren wir alle nur zu gern bereit, auf ein anderes, sanfteres Verkehrsmittel umzusteigen.

Der Fluss

B: Über den minderwertigen Status der Frauen in Bangladesch zu lesen, war eine Sache, aber eine Frau in Bangladesch zu sein, das war etwas anderes!

Als ich mühsam die schlammige Böschung zum Fluss hinunterstolperte und rutschte, dabei meine voluminösen Gepäckstücke an mich klammerte und gegen alle Wahrscheinlichkeit hoffte, dass ich nicht hinfallen und mich vor allen blamieren würde, dachte ich ein wenig sarkastisch über diesen krassen Gegensatz nach. Vor mir schritten Adrian und Peter zuversichtlich dahin, flankiert von einer Armee lächelnder Helfer, die ihnen nicht nur alle Taschen und Jacken abgenommen hatten, sondern auch ständig in Bereitschaft standen, ihnen zur Seite zu springen, falls sie ausrutschten oder eine helfende Hand benötigten.

Adrian, der tief im Gespräch mit Sujit war und von meiner misslichen Lage nichts bemerkte, ergriff die ausgestreckte Hand des Bootsführers und stieg an Bord des schmalen, hölzernen Gefährts, das sofort mit heftigem Schaukeln protestierte, bis er es geschafft hatte, sich auf den Sitz in der Nähe des Bugs zu zwängen. Als ich schließlich ankam, war die Hand zurückgezogen und der Motor angeworfen worden. Hätte mich Peter nicht im letzten Moment ohne lange Umschweife an Bord gehievt, hätte ich vielleicht am Ufer nebenher trotten dürfen.

Als ich mich auf der schmalen Holzbank unter dem Sonnenschutz aus Bambus niedergelassen hatte, begann ich mich zu entspannen. Dieser Abschnitt der Reise versprach erheblich therapeutischer zu werden als die vorausgegangene vierstündige Achterbahnfahrt. Die Sonne schien aus einem perlmutt- und pfirsichfarbenen Himmel herab, und abgesehen davon, dass er nach Benzin und Abwasser roch, war der Fluss wunderschön. Es war auch eine Menge los darauf.

Kennen Sie diese lehrreichen Bilderbücher für Kinder, in denen jede Seite eine vertraute Szene zeigt, in der eine Menge Leute das tun, wovon der Autor meint, dass es die Leute an einem solchen Ort tun sollten? Das Bild mit der Überschrift „Der Park“ zeigt dann zum Beispiel einen Jungen, der einen Drachen steigen lässt, Kinder, die Enten füttern und kleine Boote auf dem Teich fahren lassen, Babys, die im Kinderwagen geschoben werden, junge Paare, die auf Bänken picknicken und Parkpfleger, die Blätter aufsammeln.

Nun, die Seite, die sich jetzt vor mir auftat, hätte wohl „Der Fluss“ geheißen.

Ganze Familien sind eifrig dabei, ihre Haare, ihren Körper und ihre Gesichter zu waschen und sich die Zähne zu putzen. Ein paar Meter weiter waschen ein Mann und ein kleiner Junge die Flanken eines schicksalsergebenen Ochsen ab, der immer noch an seinen primitiven Holzpflug geschirrt ist, während aus dem flacheren Wasser eine Frau auf sie einredet und dabei auf einem hölzernen Waschbrett ihre Kleider schrubbt. Wieder ein Stückchen weiter saufen ein paar Kühe aus dem Fluss und ein Schwein überlässt sich willig dem Erlebnis, von einem Kind, das nicht älter als sieben Jahre sein kann, energisch abgeschrubbt zu werden.

Als wäre der Gedanke daran, was diese Tiere vermutlich unter der stillen Wasseroberfläche hinterlassen, noch nicht genug, entdecke ich mit Entsetzen die schlichten Metallrohre, die aus den wackeligen Bambusbehausungen direkt in den Fluss führen. Trotz dieses lautlosen Latrinenalarms lässt sich die Jugend nicht davon abschrecken, nur ein paar Armlängen von der Stelle, wo die Rohre in den Fluss laufen, im Wasser zu spielen und herumzuplanschen. Ebenso unbesorgt ist ganz in der Nähe eine Gruppe Frauen damit beschäftigt, Trinkwasser zu holen, ihre riesigen metallenen Reiskochtöpfe zu säubern und sich die langen braunen Haare zu waschen.

Vermutlich hätte dieser Mangel an Hygiene eigentlich noch schockierender wirken müssen, aber die sanfte, scheinbar endlose Bewegung unseres Bootes durch Felder smaragdgrüner Wasserhyazinthen, die auf der grünlich-braunen Wasserfläche glänzten, verliehen dem Erlebnis etwas Eigentümliches, das an Alice im Wunderland erinnerte, in dem einem das Widersinnige völlig normal erscheint. Dieses verträumt-fantastische Gefühl wurde verstärkt durch die unbestreitbare Tatsache, dass alle Leute, die wir sahen, in bester Laune zu sein schienen.

Trotz alledem machte ich mir innerlich eine Notiz, dass nichts – aber auch absolut gar nichts – mich dazu veranlassen würde, auch nur eine Zehe in das verlockende braune Wasser dieses Flusses zu halten!

Ich wurde abrupt zurück in die Wirklichkeit geholt, als ich hörte, wie Adrian, wieder ganz in Herzog-von-Edinburgh-Manier, Sujit eine Frage stellte.

„Was bedeuten diese Schriftzeichen?"

Er deutete auf zwei in eleganter, handgemalter Schrift aufgetragene Zeilen, die die Flanke unseres Bootes zierten. Nachdem ich so viel über die Liebe der Bangladeschis zur

Lyrik und über die Schönheit ihrer Sprache gehört hatte, versuchte ich, die Antwort vorauszuahnen. Die erste Zeile könnte vielleicht ein islamischer Segensspruch sein. Und bei der zweiten handelte es sich eventuell um eine lyrische Widmung an die Mutter des Bootsführers oder den Namen seiner Frau oder …

Sujits heisere, freundliche Stimme unterbrach meine Spekulationen.

„Die erste Zeile lautet: ‚Sind Sie sicher, dass Sie nichts vergessen haben?‘, und die zweite heißt: ‚Vielen Dank, kommen Sie wieder.‘“

Neben mir runzelte der Herzog von Edinburgh die Stirn und nickte bedächtig.

So viel zum Thema Lyrik und Spekulation!

Als wir endlich Halt machten, beobachtete ich amüsiert, wie sich das Muster der Prioritäten wiederholte. Sogleich stürzte das Willkommenskomitee auf Adrian zu, um ihm beflissen ans Ufer zu helfen, als wäre er ein kostbares Frachtgut. Eifrige Hände ergriffen sein Gepäck und ließen es sich auch nicht nehmen, seine Jacke zu tragen. Ich beobachtete ihn von hinten, während er das glitschige Ufer emporstieg und mit den Armen ruderte, um sein Gleichgewicht zu halten, wobei er beinahe seine lächelnden Gastgeber in alle Richtungen schleuderte. Es erinnerte mich an Gulliver in Lilliput, so unfassbar riesenhaft wirkte er neben den Bangladeschi. Dieser Gedanke hielt mich aufrecht, als ich ebenso unbeholfen aus dem Boot kletterte, wie ich hineingeklettert war, und den Herren der Schöpfung hinauf auf den festen Boden folgte.

Endlich waren wir in Tuital angekommen und würden mit eigenen Augen sehen, ob die Verwendung der Spendengelder hielt, was die Organisation versprach.

Der Priester

A: „Möchten Sie mitkommen und sich mein kleines Projekt ansehen?"

Father Parimal Rozario deutete über den Küchengarten hinweg zu einem kleinen überdachten Bereich, wo zwei Kühe mit riesigen Augen und samtener Haut an einen Pfosten angebunden standen und zufrieden ihre Heusträhnen kauten.

„Ja, gern", erwiderte ich und folgte Father Parimal durch den Garten.

Es war der dritte Tag unseres Aufenthaltes in Tuital und ich war zunehmend fasziniert von unserem Gastgeber, einem Priester der römisch-katholischen Kirche, einem Mann, der sich mit vielen Dingen auskannte.

Von dem Augenblick an, als wir aus dem Boot stiegen und uns das steile, schlammige Ufer empor in Richtung Dorf und Missionshaus kämpften (wobei Bridget aus irgendeinem unerfindlichen Grund hinterhertrödelte), hatte ich das Gefühl, als marschierten wir mitten in eine jener Geschichten hinein, die zwischen den beiden Weltkriegen geschrieben wurden. Sie wissen, was ich meine – Geschichten, die in irgendeinem kolonialen Außenposten spielen, wo die Luft vor Feuchtigkeit zu triefen scheint und mindestens eine der Figuren eine schwelende Leidenschaft in sich trägt, die immer mehr anschwillt, bis es zu einer Explosion kommt, die unweigerlich haargenau mit dem einsetzenden Monsunregen zusammentrifft.

Nicht, dass um diese Jahreszeit in der Tuital-Region eine besonders hohe Luftfeuchtigkeit geherrscht hätte, Gott sei Dank. Die Tage, die wir dort verbrachten, waren am frühen Morgen dunstig und erfrischend und wurden im Laufe des Vormittages strahlend und frisch. In Father Parimal hingegen schwelte tatsächlich eine Leidenschaft, aber sie brauchte nicht zu explodieren, weil er ein Ventil dafür hatte. Der Druck seiner Leidenschaft für Jesus äußerte sich beständig in Taten und Worten, nicht nur gegenüber denen, die sich als Teile seiner Herde sahen, sondern auch gegenüber solchen, die damit rein gar nichts zu tun haben wollten. Das war besonders inspirierend.

Wie so viele große Gottesmänner wirkte er gar nicht wie jemand Besonderes, als wir ihn an jenem ersten Tag kennen lernten. Er war ein gepflegter, nicht sehr großer Mann mit kurzen, pechschwarzen, gewellten Haaren, den Oberkörper gegen die „Kälte" des Winterabends eingepackt. So führte er uns durch verschlossene Türen in den Garten des zweistöckigen, im Kolonialstil erbauten Missionshauses, in dem er wohnte und in dem auch wir die nächsten drei Nächte verbringen würden.

„Warum muss das Gelände so sicher abgeschlossen werden?", fragte ich.

„Nun", erwiderte er gelassen, „vor kurzem kamen nachts ein paar bewaffnete Männer hierher und verlangten Geld, und deshalb ..."

Als wir an jenem Abend ins Bett gingen, beäugten Bridget und ich die mächtigen Eisenriegel an der massiven Metalltür unseres Schlafzimmers mit herzlicher Dankbarkeit. Genau das Richtige, dachten wir, um sich bewaffnete Männer auf der Suche nach Geld vom Leib zu halten. Am nächsten Morgen jedoch, als wir uns gähnend auf dem Balkon vor unserem Zimmer reckten, irgendwo unter uns spielende Kinder lachen hörten und das dunkle Pink der Bougainvilleen am Geländer und die Liebkosung der süß duftenden, dunstigen Morgenluft genossen, gelang es uns beim besten Willen nicht, an bewaffnete Männer zu glauben, die Geld verlangten.

Beim Abendessen am zweiten Tag unseres Besuchs (natürlich gab es Hühnchen, Reis und Fisch – *wie viele Hühner müssen noch sterben, damit wir leben können?*) erzählte uns der Priester aus seinem Leben und seiner Arbeit in Tuital. Er berichtete, wie sein Vorgänger von militant anti-christlichen Moslems so bedroht und eingeschüchtert worden war, dass er in dem Missionshaus fast wie in einem Belagerungszustand gelebt hatte.

„Als ich herkam“, sagte Father Parimal, dessen gleichmütiges Gesicht bei der Erinnerung in Bewegung geriet, „ging ich geradewegs demonstrativ in das Haus des muslimischen Rädelsführers und sagte zu ihm: ‚Was höre ich da über Angriffe gegen die Christen? Führen Sie mich herum, dann machen Sie mir eine Tasse Tee und erzählen Sie mir davon.‘ Also zeigte er mir alles, wir tranken Tee zusammen und wurden Freunde. Danach machte er nie wieder Ärger.“

Er erzählte uns von dem heimlichen Verlangen vieler Muslime, Christen zu werden, und von ihrer Angst, wenn sie es täten, müssten sie für immer ihre Heimat verlassen, um nicht umgebracht zu werden.

„Die Arbeit und die Großzügigkeit von World Vision“, sagte er, „schaffen eine Brücke zu der islamischen Bevölkerung, die es mir sehr erleichtert, mit ihnen in Kontakt zu kommen. Die Leute haben etwas bekommen und sind dankbar dafür. Ich brauche ihnen nur noch zu sagen, wem sie dankbar sein sollten.“

Er berichtete von mindestens einer übernatürlichen Heilung, die er miterlebt hatte, seit er nach Tuital gekommen war, und äußerte die persönliche Überzeugung, Bangladesch werde in fünfzig Jahren ein christliches Land sein – besonders, fügte er hinzu, falls die Heilige Jungfrau zur Miterlöserin neben dem Herrn Jesus Christus ausgerufen werde. Neben anderen Ansichten äußerte er außerdem seine Ablehnung jeder Form von künstlicher Geburtenregelung.

Und hier passierte etwas Interessantes – zumindest finde ich das.

Bridget, Peter, Sujit und ich saßen an jenem Abend um den langen Holztisch herum, hörten zu, wie dieser Mann Auffassungen und theologische Sichtweisen äußerte, die in vieler Hinsicht völlig anders waren als unsere eigenen, und wir erhoben nicht den leisesten Widerspruch. Ich habe die größte Hochachtung vor Maria, der Mutter Jesus. Meiner Meinung nach ist sie vielleicht das beste Vorbild für geduldigen, unbeirrbaren Gehorsam, das wir haben; aber ich werde sie niemals anbeten oder akzeptieren, dass ihr in irgendeinem Sinne die Rolle einer Erlöserin zukäme, nicht zuletzt deshalb, weil sie selbst entsetzt wäre über den Gedanken, dass jemand sie in einer solchen Rolle sehen könnte. Ich glaube, dass Jesus der einzige Weg zum Heil ist. Da ich bereits in einem anderen Buch versucht habe, diese Aussagezwiebel zu schälen, werde ich es hier nicht noch einmal tun, denn sonst würden mir nur wieder die Tränen kommen.

Auch in Fragen wie der Geburtenregelung stimmte ich nicht mit Father Parimal überein. Wenn es je eine Gesellschaft gab, die eine sichere und wirkungsvolle Geburtenregelung brauchte, dann hier in Bangladesch, einem der ärmsten und am dichtesten bevölkerten Länder der Erde.

Sicherlich war ein Grund dafür, dass wir keinen dieser Einwände oder Widersprüche äußerten, ein allgemeines und absolut berechtigtes Gefühl unsererseits, dass es extrem unhöflich gewesen wäre, auf der einen Seite die Gastfreundschaft dieses Mannes in Anspruch zu nehmen und auf der anderen die Meinung zu äußern, er habe sich tief in Irrtümer verstrickt. Aber das war nicht der ganze Grund. Es war nicht einmal der hauptsächliche Grund.

Natürlich kann ich nur für mich selbst sprechen. Für mich hatte es etwas mit der Tatsache zu tun, dass auf meine Frage, was er für Jesus empfinde, auf dem Gesicht des Mannes ein Lächeln aufstrahlte, wie es nur aus der Begegnung mit Gott geboren wird. Es hatte mit der Tatsache zu tun, dass er offenkundig von Erwachsenen und Kindern gleichermaßen geliebt wurde, wie wir deutlich gesehen hatten, als wir uns an seiner Seite unter den Einheimischen bewegten. Und vielleicht an erster Stelle hatte es damit zu tun, dass er einfach hier an diesem Ort war, mit ganzem Einsatz in dieser gefährlichen und herausfordernden Situation stand und die Arbeit tat, die Gott ihm aufgetragen hatte. Mehr noch, er schien sie auf ungewöhnlich Jesus-ähnliche Weise zu tun, denn die Stimme seiner Verkündigung besaß jene faszinierende Mischung aus freimütiger Frömmigkeit und verblüffend gewöhnlicher Bescheidenheit, die Jesus so anziehend machte und macht und die einen gleichzeitig so rasend machen kann, je nachdem, wer und wo man gerade ist, wenn man ihm begegnet. Mit anderen Worten, wenn es darum geht, dem Ruf Gottes in meinem Leben gehorsam zu folgen und an dem Ort zu sein, wo er mich haben will, dann bin ich nicht sicher, ob ich nicht in viel größere Irrtümer verstrickt bin als Father Parimal Rozario. Ich glaube, die theologischen Verwicklungen überlasse ich lieber Gott.

„Worin genau besteht Ihr Projekt?“ Ich klopfte einer der Kühe mit der flachen Hand auf den Hals und das schöne Tier richtete seine riesigen Bambi-Augen für einen Moment feierlich auf mich, bevor es sich wieder seinem Heu zuwandte.

„Ich möchte meine Kühe als Lehrhilfe benutzen, sodass die Leute sehen, welchen Nutzen es hat, Vieh zu halten. Ich bringe ihnen bei, wie man die Tiere füttert und melkt, wie man Kälber aufzieht und alles andere, was sie wissen müssen.“

„Und dafür reichen zwei Kühe?"

Er beugte sich vor, um das nächststehende Tier zwischen den Hörnern zu kratzen, während er antwortete. Die Kuh nickte sanft mit dem Kopf, um ihre Dankbarkeit zu zeigen. „Ich habe nun einmal zwei. Ich habe dem Premierminister geschrieben und ihn gebeten, mir eine dritte zu geben, und er hat zugesagt. Eigentlich wäre es gut, wenn ich noch eine vierte Kuh hätte. Das wäre genau richtig – perfekt."

„Wie viel kostet eine Kuh?"

„Nun, eine ordentliche Kuh kostet zehntausend Takas, aber die beste Art von Kühen, die Sorte, die ich wirklich gern hätte – eine australische Kuh –, die würde zwanzigtausend Takas kosten."

Da gab es nicht viel zu rechnen. Auf ein Pfund kamen knapp hundert Takas. Also würde die gute australische Kuh so um die zweihundert Pfund kosten. Als ich neben dem Priester in der warmen Wintersonne stand, schien es mir, dass so eine Kuh etwas sehr Solides und Realistisches und Erreichbares wäre, etwas, das sich doch irgendwie beschaffen lassen müsste.

„Wir kaufen Ihnen eine“, sagte ich. „Unsere Gemeinde zu Hause wird Ihnen eine kaufen. Wir tun uns zusammen und kaufen Ihnen eine vierte Kuh. Das werden die Leute ganz bestimmt gerne tun.“

Und ich hatte Recht. Sie tun es gerne, und darum werden wir auch genau das tun. So eine Kuh lässt sich beschaffen ...

Die Frage

A: Jeder, der hinter Sujit und mir ging, als wir von Father Parimals Gelände in Richtung des ersten Dorfes schlenderten, das wir in Tuital besuchen sollten, hätte dabei ein hübsches kleines Anschauungsbeispiel für die Einheit unter Christen beobachten können. Ich bin außergewöhnlich groß und Sujit ist außergewöhnlich klein. Wir beiden Glaubensbrüder müssen von hinten ausgesehen haben wie eine übergewichtige Selleriestange, die mit einem Radieschen spazieren geht.

Sujit war wunderbar. Er war im Unabhängigkeitskrieg ein Freiheitskämpfer gewesen, und dennoch war er eine der sanftmütigsten und liebenswertesten Persönlichkeiten, denen ich je begegnet bin. Seine herzliche Art auf alle Menschen zuzugehen, und insbesondere auf Kinder, war ein erfrischender Anblick.

Während wir nebeneinander hergingen, kam mir zum wiederholten Mal der Gedanke, dass Bridget und ich in gewisser Hinsicht geschummelt hatten, indem wir im Januar

nach Bangladesch gekommen waren. Die Luft war so weich, die Sonne so warm und sanft auf unseren Gesichtern, die Umgebung so friedlich und freundlich, die Aussicht über die Ebene ein solcher Traum aus blaugrünen Wasserfarben, dass wir wirklich das Gefühl hatten, auf einen kleinen Winkel des Paradieses gestoßen zu sein. Unzählige jener kleinen Dorfinseln, der „Pilze", die wir vom Auto aus gesehen hatten, erhoben sich über das völlig flache Gelände, die „Stiele" ausgehöhlt von den hungrigen Wassermassen vergangener Überschwemmungen. Sujit erklärte mir, sie wären von Leuten bewohnt, die wie Noah mitten auf dem trockenen Land Boote besaßen, denn sie wüssten, nicht durch eine Prophezeiung, sondern aus bitterer Erfahrung, dass die Sintflut unweigerlich kommen wird. Diese halb zufälligen Skulpturen, geschaffen von ausgemergelten, optimistischen Menschen unter dem Druck der gewaltigen Naturkräfte, hatten eine eigentümliche Wirkung auf mich. Sie erweckten in mir halb vergessene Kindheitsträume von überschaubaren, gemütlich eingegrenzten kleinen Welten, gemalt in Bilderbuchfarben.

Wenn die Fluten kämen, würde es die Hölle sein, aber das würde ich nur im Fernsehen zu sehen bekommen.

Hin und wieder begegneten wir auf dem gewundenen Pfad einem Kind oder einer Gruppe von Kindern, die mit großen Augen in unsere weißen Gesichter starrten. Manchmal fuhren Männer mit Fahrrädern vorsichtig an uns vorbei. Dann kam ein Junge, der eine Herde Schweine hütete. Die leuchtende Kuppel des Himmels wirkte unglaublich riesig. Dass dieser Ort regelmäßig von Katastrophen heimgesucht wurde, erschien fast unvorstellbar.

Vielleicht war dies ein geeigneter Moment, um eine Frage an Sujit zu stellen, die ich mir seit einiger Zeit aufgespart hatte. „Sujit", sagte ich, „Sie lieben Ihr Land, nicht wahr?"

Er lachte tief in der Kehle, bevor er antwortete. „Ja, ja, ich liebe es!"

„Was lieben Sie am meisten daran?"

„Mm."

Er räusperte sich, starrte zu Boden und dachte einen Moment lang nach. „Adrian, es ist das Grün", sagte er dann, hob den Kopf und deutete mit einer weit ausholenden Armbewegung auf die Landschaft um uns her. Leiser fuhr er fort: „Ich liebe das Grün meines Landes. Doch am meisten liebe ich die einfachen, ehrlichen Leute auf dem Land. Eines Tages", fügte er in vertraulichem Ton hinzu, „möchte ich in mein eigenes Dorf im Norden des Landes zurückkehren und dort leben und als Geistlicher für die Leute da sein."

Die Gruppe

B: Es müssen etwa vierzig Frauen gewesen sein, herrlich gekleidet in Saris in allen nur erdenklichen Kombinationen leuchtender Farben. Sie saßen dicht beisammen auf dem Erdboden in der Mitte ihres Dorfes und zwitscherten miteinander wie exotische Vögel. Ringsum saßen ihre Männer und die Kinder, aber an diesem Morgen spielten die Frauen die Hauptrolle. Nur im Licht der geringen Wertschätzung, die Frauen normalerweise zugemessen wird, wird die Bedeutung dieser Gruppe richtig deutlich. Denn diese Frauen sind der Schlüssel zum zukünftigen Wohlstand ihrer Gemeinschaft geworden. Sie sind die Spargruppe des Dorfes, durch ihre engagierten Bemühungen sind sie in der Lage, ihren Männern die Mittel zur Verfügung zu stellen, um wenigstens einige der Unbilden zu überleben, die hier ständig durch das unberechenbare Klima drohen.

Es funktioniert folgendermaßen. Zuerst nehmen die Frauen an einem Lese- und Schreibkurs teil, der von einem ehrenamtlichen Mitarbeiter gehalten wird. Hier lernen sie, ihre Namen zu schreiben und einfache Rechnungen auszuführen, damit sie in der Lage sind, ein Bankkonto zu eröffnen. Dann wird eine Leiterin ausgewählt, die eine zusätzliche Ausbildung erhält, und eine Spargruppe wird gebildet. Jedes Mitglied muss sich verpflichten, Monat für Monat das Wenige, das es sich leisten kann, zurückzulegen. Bei manchen kann das mehr sein als bei anderen, aber zwanzig Takas (ca. sechzig Pfennig) pro Monat müssen es mindestens sein. Wenn sie dann gemeinsam eine angemessene Summe angespart haben, können sie bei World Vision einen Kredit zu niedrigen Zinsen beantragen, der an eine oder zwei gemeinschaftlich ausgewählte Personen ausgezahlt wird, die sich verpflichten, für die Rückzahlung des Kredits zu sorgen. Die Kreditprogramme der Regierung und die traditionellen Banken haben kein Interesse daran, den Armen erschwingliche Kredite zur Verfügung zu stellen. Schließlich sind das hochriskante Kunden, die nur wenig Ertrag bringen. Selbst wenn diese mittellosen Leute es schaffen, sich einen Kredit zu besorgen, sind die Zinsen so hoch, dass sie ihn nie zurückzahlen können und somit noch tiefer in die Armutsfalle geraten.

Die Hilfsorganisationen gehen mit einer völlig anderen Sichtweise an die Sache heran. Um direkt aus den Materialien von World Vision zu zitieren:

Wenn Sie jemandem etwas schenken, sagen Sie: „Bitte sehr, du armer Mensch", und der Arme sagt: „Danke schön, danke schön." Doch bei einem Kredit stehen beide auf gleicher Ebene. Sie sagen: „Hier sind Mittel, die du verwenden kannst. Zahl sie mir später zurück." Und der Arme sagt: „Gut, ich bin verantwortlich dafür, dir das zurückzuzahlen." Durch Arbeit kann ein guter Ertrag erzielt werden. Wenn Menschen das Gefühl haben, mit ihren eigenen Anstrengungen etwas erreicht zu haben, dann verändert das ihr Leben.

Da der Kredit nur höchstens zweieinhalbmal so hoch ist wie die bereits angesparte Summe, geht es hier um Investitionen in kleine, aber wirkungsvolle Projekte, etwa den Ankauf von Vieh, das wiederum nicht nur für die Ernährung der Familie, sondern auch zur Erwirtschaftung eines kleinen Einkommens genutzt wird. Der beträchtliche Gruppendruck auf die Kreditnehmer, ihre Rückzahlungen zu leisten, sichert den Erfolg dieses Vorgehens. Im Lauf der Jahre sind auf diese Weise in der ganzen Dritten Welt Tausende von Kleinkrediten gewährt und zurückgezahlt worden.

Dieser Vormittag jedoch gehörte der kleinen Gruppe in Tuital, und sie wussten es.

Schüchtern lugten sie unter den Falten ihrer Kopftücher hervor und beantworteten Adrians Fragen darüber, wie viel Geld sie angespart hatten und wie sie ihre Kredite verwendeten. Gemeinsam hatten sie die umwerfende Summe von dreitausend Pfund zurückgelegt. Eine Frau hatte ihren Kredit für ein Bewässerungsrohr für das Reisfeld ihres Mannes verwendet. Eine andere hatte Dünger gekauft, um Gemüse anzubauen. Eine andere hatte in Kartoffelpflanzen investiert. Eine andere in ein Boot. Wieder eine andere in eine Ziege. Eine erwähnte bescheiden eine Kuh. Eine Frau hatte sogar schon die Möglichkeit genutzt, nach Rückzahlung ihres ersten Kredits einen zweiten aufzunehmen, um ein Haus für ihre Familie zu kaufen.

„Was für ein Gefühl ist das, Ihrem Mann und Ihrer Familie auf diese Weise zu helfen?", fragte ich.

Bisher hatte uns während unserer Begegnung mit diesen schüchternen, bescheidenen Frauen nichts auf das explosionsartig ausbrechende Stimmengewirr vorbereitet, das auf meine Frage folgte. Sie schlugen jede Zurückhaltung in den Wind und redeten und lachten und nickten mit vor Stolz tanzenden Augen alle durcheinander.

„GUT!", informierte uns unser Dolmetscher überflüssigerweise. „Sie fühlen sich GUT!"

Plötzlich kamen mir die Tränen, und um meine Gefühlsaufwallung zu überdecken, applaudierte ich ihnen laut. Zu meiner Freude stimmten sie ein und klatschten und redeten durcheinander und lächelten einander zu. Zum Schluss fielen auch die Männer und die Kinder ein.

Könnte sein, dass ich auch ein paar Engel gehört habe, aber das kann ich nicht beschwören.

Was ich sicher weiß, ist, dass die Hilfsorganisationen mit dieser oder ähnlichen Methoden einen Weg gefunden haben, um diesen unterschätzten Frauen Perspektiven und Handlungsmöglichkeiten zu geben, einen Weg, der deutlich die Handschrift Jesu trägt. Während unserer vierzehn Tage in Bangladesch trafen wir noch mehrere ähnliche Gruppen und hörten von vielen verschiedenen Zwecken, zu denen die Kredite verwendet wurden: Ein Kaiserschnitt, eine Operation für ein Kind, Bildung, Nähmaschinen, Latrinen, Rikschas und sogar Kaufläden waren nur einige der Antworten, die wir von den verschiedenen Gruppen in den Dörfern und Slums bekamen. Doch eines hatten sie alle gemeinsam. Wann immer ich die Frage stellte: „Und was ist das für ein Gefühl?", bekamen wir dieselbe überschwängliche Antwort:

„GUT! Es ist ein GUTES Gefühl!"

Die Liebe

A: Ich sagte bereits, dass eines meiner größten Bedenken bezüglich der Reise nach Bangladesch die Befürchtung war, ich könnte von der Arbeit von World Vision enttäuscht von unserem Besuch zurückkehren. Schließlich wusste ich unter dem Strich so gut wie nichts über die Organisation. Am Ende erwiesen sie sich vielleicht als ein unnützer, wirkungsloser Haufen von Weltverbesserungstheoretikern, die nichts als Verwirrung und Unzufriedenheit in das Leben derer brachten, denen sie angeblich helfen wollten. Die ganze Übung hätte ein Schuss in den Ofen werden können. Dann wäre nur ein Haufen Geld unnütz vergeudet worden und dieses Buch nie entstanden.

Nun, so hätte es sein können, aber wenn Sie bis hierher gelesen haben, wissen Sie bereits, dass meine Sorge unbegründet war. Die unbestreitbaren hilfreichen Auswirkungen der ungemein vielfältigen Arbeit, die World Vision tut, war für uns beide eine Offenbarung und eine persönliche Inspiration. Und dafür danken wir Gott!

Wenn Sie mich auffordern, einen Moment oder ein Erlebnis auszuwählen, das beispielhaft für diese überaus positiven

Erinnerungen steht, so würde ich eine kurze Äußerung von einer der Frauen in der Dorf-Spargruppe herausgreifen, die Bridget gerade beschrieben hat.

Diese wunderbar farbenfrohe Ansammlung von Menschen hatte uns gerade geschildert, wie ihre Gruppe arbeitete, und uns von einigen konkreten Dingen erzählt, die infolgedessen gekauft oder bezahlt worden waren. Es war sehr beeindruckend.

„Aber sagen Sie mir", fragte ich, „was glauben Sie, warum kommen diese Mitarbeiter hierher und helfen Ihnen dabei, solche Aktionen in Gang zu bringen? Warum tun sie das?"

Es entstand eine kurze Pause, und dann gab eine der Frauen, die mir am nächsten saßen, ein paar rasche Worte von sich, die bei vielen anderen begeisterte Zustimmung hervorriefen.

Fragend wandte ich mich an Brownson, der Leiter des Projekts war und für uns dolmetschte. Seine Übersetzung bestand nur aus vier Worten, und ich schätze, dass der dienstjüngste und bescheidenste im kleinsten Winkel der am weitesten im Hintergrund arbeitenden Abteilung in den World-Vision-Büros in Milton Keynes Freude und Stolz empfinden darf, wenn er diese vier goldenen Worte liest.

„Weil sie uns lieben."

Das geschriebene Wort und das Wettrennen nach Hause

B: Als wir uns endlich von dieser liebenswerten Dorfgemeinschaft verabschiedeten, war ich sehr aufgewühlt – so viele Fakten und Gefühle gingen in mir um.

Was ich von den Dorfbewohnern über die Überschwemmungen von 1998 gehört hatte, als World Vision buchstäblich Tausenden das Leben rettete, indem man Boote, Lebensmittel, Wasser und Decken zu den Familien brachte, die in ihren Häusern bleiben konnten, und Hunderte barg, die sich auf den Dächern ihrer zusammenbrechenden Häuser ans Leben klammerten, all das hatte mich mit Stolz darauf erfüllt, mit dieser Organisation zu tun zu haben.

Beim Weihnachtskuchen (einer süßen Teigpastete mit einer Kokosfüllung) und Tee im Haus einer der Frauen aus der Spargruppe fühlte ich mich ebenso privilegiert. Ich war voller Bewunderung dafür, was diese Frauen durch schiere Entschlossenheit und harte Arbeit erreicht hatten.

Bezaubert hatten mich auch die Kinder, denen wir begegnet waren. Besonders Laurence, ein kleiner Patenjunge. Als er uns über den gewundenen Pfad zwischen den Senffeldern herankommen sah, sprang er voller Freude aus seiner Bambushütte und jagte den Hang herab auf uns zu, bis er strahlend vor Stolz vor uns stand, die Brust herausgereckt wie eine kleine Taube, um sich den vornehmen Besuchern vorstellen zu lassen, die er an den Papierblumengirlanden erkannte, die sie um den Hals trugen. (Adrian sah richtig niedlich damit aus!)

Vor allem jedoch hatte mich Sima Rane über die Maßen bewegt. Sie war elf und wurde seit ihrem siebten Lebensjahr von Pateneltern gefördert und sie hatte jene hervorstechende, selbstbewusste Haltung, die ich bei den Familien der Patenkinder immer wieder beobachtete. Ihr langes, frisch gewaschenes Haar fiel in säuberlich geflochtenen, dicken Zöpfen um ihr dunkles, ovales Gesicht und aus ihren Augen leuchtete eine wache Intelligenz. Offensichtlich trug sie ihr allerbestes Kleid. Es war wunderhübsch. Die Baumwolle war dunkelrosa gefärbt und mit kleinen weißen Gänseblümchen bedruckt. Das Kleid war gleichzeitig fein, bescheiden und sehr feminin.

Nicht zum ersten Mal dachte ich mit etwas Wehmut an meine stets in Jeans gekleidete Tochter und ihre Freundinnen, die mit elf Jahren um keinen Preis der Welt so etwas wie ein Kleid angezogen hätten.

Um ihren Namen nicht zu vergessen, bat ich sie, ihn in mein Notizbuch zu schreiben. Diese Bitte schien die weiblichen Mitglieder ihrer Familie in helle Aufregung zu versetzen. Geradezu übersprudelnd vor Interesse scharten sie sich um sie. Es hatte ihnen einen Riesenspaß gemacht, sich fotografieren zu lassen, und sie waren völlig fasziniert von dem Gedanken, dass sie vielleicht in einem Buch vorkommen würden. Doch meine schlichte Bitte schien für sie noch etwas viel Wichtigeres zu symbolisieren. Es war der erste von vielen Hinweisen darauf, dass Schulbildung für kleine Mädchen ein über die Maßen begehrenswertes und kostbares Gut war, ein Tor zu einer Freiheit und Würde, die in ihrer eigenen Generation unvorstellbar waren. Die Frauen drängten sich um ihre Schultern, die Zungenspitzen zwischen den Zähnen, und beobachteten gebannt, wie Sima Rane Talukdere sorgfältig Buchstabe für Buchstabe ihren Namen schrieb. Auf den hörbaren Seufzer der Erleichterung, als Sima den Stift absetzte, folgte ein staunendes Kopfschütteln der Übrigen über die brillanten Fähigkeiten ihrer kleinen Berühmtheit.

Als ich winkend, Hände schüttelnd und „Salaam" sagend Abschied nahm und wir uns zu Fuß auf den Weg zur nächsten Station unserer Tour durch die Tuital-Projekte machten, eilten meine Gedanken schon voller Neugier voraus, was wir als Nächstes erleben würden. Einträchtig ging ich neben einem inzwischen etwas weniger scheuen Mitglied des Teams her, als ich abrupt aus meinen Gedanken gerissen wurde. Adrian und seine Eskorte, die die Vorhut bildeten, waren plötzlich stehen geblieben. Eine lebhafte Diskussion war im Gange. Bis ich sie einholte, hatten sie bereits eine Entscheidung getroffen. Offenbar wollte Adrian nicht mehr weitergehen, sondern sofort zu unserer Basis zurückkehren. Verdutzt, aber mit höflicher Ehrerbietung, hatte Brownson zugestimmt, das Tagesprogramm zu beenden. Unserer Gruppe wurde mitgeteilt, der große Schriftsteller müsse zurück, um mit der Niederschrift seines wichtigen Buches zu beginnen.

Das wurde ja immer seltsamer.

In Adrians Blick lag ein leiser Anflug von Verzweiflung, der nicht ganz zu der genannten Begründung zu passen schien, aber an der Entschlossenheit, mit der er den Heimweg einschlug, konnte kein Zweifel bestehen. Seine Schritte beschleunigten sich und zu meiner beträchtlichen Erheiterung mühte sich bald die ganze Gruppe, größere Schritte zu machen, dann zu hüpfen, zu rennen und schließlich praktisch zu galoppieren, um mit ihrem Anführer Schritt zu halten, der mit wachsender Zielstrebigkeit dem Missionshaus entgegenstürmte.

Was war nur los?

Die anderen dachten vermutlich, die Muse hätte ihn geküsst, doch ich war mir inzwischen der Motive meines Mannes nicht mehr so sicher. Mich beschlich eine Ahnung, was der wahre Grund für seine Eile war.

Als wir in den Hof stürmten und Adrian auf die Treppe zusteuerte, ohne seine schnaufenden Begleiter auch nur eines Wortes zu würdigen, wusste ich genau, warum wir das Nachmittagsprogramm abgebrochen hatten. Muse, dass ich nicht lache! Das Curry, das es zu Mittag gegeben hatte, entfaltete seine ganze verheerende Wirkung, und Adrians Ziel war – Sie haben es erraten – die Toilette.

Toiletten im Allgemeinen und diese im Besonderen

A: Wo wir gerade beim Thema Toiletten sind – vor vielen Jahren begingen ein Freund von mir und ich die Dummheit, in der Nähe seines Hauses in Wadhurst in den Wald zu gehen (und das auch noch nachts, ob sie es glauben oder nicht!), um uns im Birkenspringen zu versuchen. Genau, „übergeschnappt" ist das Wort, nach dem Sie sich gerade das Hirn zermartern.

Inspiriert dazu hatte uns Robert Frost, ein wunderbarer amerikanischer Dichter, der diese Beschäftigung in einem seiner Gedichte beschreibt. Sie besteht darin, dass man auf eine schlanke Birke klettert, um dann ganz oben mit den Beinen loszulassen und sich nur mit den Händen festzuklammern. Theoretisch bringt man den Baum durch sein Gewicht dazu, sich zu biegen, und sinkt somit sanft zu Boden. Für Robert Frost mag das ja alles sehr romantisch gewesen sein, da er offensichtlich wusste, wie man den richtigen Baum für so etwas herausfindet. Mein Freund wusste es nicht. Sein Baum verschränkte die Arme und weigerte sich einfach, sich zu biegen. Der daraus resultierende Sturz aus großer Höhe führte zu einer schweren Rückenverletzung und einem langwierigen Krankenhausaufenthalt. Dort war mein Freund gezwungen, da er sich nicht aus dem Bett rühren konnte, eine Bettpfanne zu benutzen. Diese tägliche Entwürdigung frustrierte ihn so sehr, dass er seine Frau bat, ihm bunte Prospekte von verschiedensten Toilettenbecken mitzubringen. Mit diesen Blättern behängte er die Wände rund um sein Bett, um sodann zwischen seinen Bettpfannensitzungen lüstern auf seine kleine Galerie nackter Porzellanschönheiten zu stieren, als wären sie so eine Art Pornografie.

Während unseres Aufenthaltes in Bangladesch musste ich hin und wieder an meinen Freund und seine Prospekte denken. Die Toilette in unserem Apartment im *Far Pavilions* war – Gott sei Dank! – ein völlig vertrautes westliches Modell, doch wir stießen auch auf ganz andere Sorten. Statt eines Beckens mit einem Sitz bestanden sie aus zwei Keramiktritten, auf die man die Füße stellte, um dann pavianmäßig in die Hocke zu gehen.

Ja, es lohnt sich, einen Augenblick dabei zu verweilen – bei dem Gedanken, meine ich.

Wie die weniger sportlichen Mitbürger unter solchen Umständen zurechtkommen, ist mir schleierhaft.

Am Rande erwähnenswert ist auch die Toilette in der Ecke unseres Badezimmers in Tuital, zu der ich so eilig zurückzukehren bestrebt war. Hierbei handelte es sich zwar um eine konventionelle Toilettenschüssel mit Spülung, doch sie erinnerte mich an manche Geschichten aus der griechischen Mythologie von Ungeheuern, die schlafend in ihrem Unterschlupf liegen, nur um mit donnerndem Zorngebrüll zu erwachen, wenn ein gewöhnlicher Sterblicher sie aufstört. Die ungeregelte Spülung an diesem Ding war buchstäblich explosiv. Nach Geräuschen, die sich anhörten, als ob die Forth-Brücke über einem Schrottplatz einstürzte, brach irgendwo im Innern der Schüssel mit mächtigem Donnern ein wahrer Geysir aus, der das Becken sofort füllte und binnen zwei Sekunden zum Überfließen brachte, wenn man den Hebel nicht sofort in seine ursprüngliche Position zurückschob. Nach einer einzigen nervenzerfetzenden Erfahrung dieser Art machte ich es mir zur Gewohnheit, die Zähne zusammenzubeißen, den Hebel in eine Richtung zu drücken, sofort zurückzuziehen und dann um mein Leben zu rennen. Diese Toilette versetzte mich in Angst und Schrecken.

Übrigens bin ich Bridget zu tiefstem Dank dafür verpflichtet, dass sie meine eilige Rückkehr nach Tuital, als selbst der Gedanke an dieses brüllende Monster mir für einen sehr kurzen, steifbeinigen Zeitraum als die süßeste Verlockung erschien, so anschaulich geschildert hat.

Freilich war selbst das Modell „Pavian“ noch der Gipfel der Zivilisation, verglichen mit dem, womit sich die überwiegende Mehrheit der Bangladeschis auf den Straßen und in den Slums begnügen muss. Falls nicht irgendein Hilfsprojekt hier Latrinen installiert hat, sind der offene Abwasserkanal am Straßenrand und die Ecke eines Felds hinter einem Block von Behausungen meist die einzigen Möglichkeiten.

Sollte Graham Kendrick bisher noch keinen Chorus zum Preis und Dank für Sitztoiletten mit Spülung geschrieben haben, wird es höchste Zeit, dass er das nachholt. Aber bitte keinen Chorus mit Bewegungen, ja?

Ein Wochenende voller Schrecken und Ausflüge

Fieber

A: All meine finstersten und abscheulichsten Alpträume davon, irgendwo fern der Heimat in einem fremden Land krank zu werden, schienen sich gegen Ende der ersten Woche unserer Reise bewahrheiten zu wollen.

Es begann am frühen Donnerstagnachmittag jener ersten Woche, dem Tag, als wir aus Tuital zurückkehrten, mit der plötzlichen, elektrisierenden Erkenntnis, dass ich bis spätestens morgen zwei Artikel schreiben und an zwei verschiedene Zeitschriften schicken sollte. Zwei! Einer wäre schon schrecklich genug gewesen, aber immerhin machbar. Zwei! Als der Mensch, der ich nun einmal bin, bestand meine erste Reaktion darin, dahinzuwelken wie eine unbewässerte Lupine (diese Analogie beruht auf bitterer Erfahrung). Die Sache war die, dass sowohl Bridget als auch ich ohnehin schon mit einer düsteren Furcht zu kämpfen hatten, unser ganzes bizarres Bangladesch-Erlebnis sei eine Art kosmischer Prüfung, die zu bestehen wir nur sehr geringe Chancen hätten, selbst wenn wir unsere Fehler selbst anstreichen durften und somit schummeln konnten. Warum gehe insbesondere ich immer automatisch davon aus, dass ich versagen werde? Viele meiner größten Energieausbrüche haben Ähnlichkeit mit denen eines faulen Kindes, das fieberhaft herumrast und aufräumt, kurz bevor seine Eltern nach Hause kommen. Ich schätze, das trägt dazu bei, meine zweite Reaktion zu erklären.

Was konnte ich tun, um alles so in Ordnung zu bringen, dass alle Menschen auf der Welt mich immer noch lieb hatten? Ich trat hinaus auf den Balkon, ließ meinen Blick über die Dächer in Richtung der Stadtmitte schweifen und suchte nach einer Inspiration. Da fiel mir etwas auf. Einen flüchtigen, verwirrenden Moment lang dachte ich, ich sähe in der Ferne eine Kathedrale in britischem Stil vor mir. Natürlich war es nicht so. Es war nur wieder einmal ein im Bau befindliches Gebäude, geschmückt mit Sackleinen und bewehrt mit Bambusstangen, auf magische Weise durch den dunstigen Schleier des Smogs Weise verwandelt. Ich seufzte, als ich an meine lebenslange Liebesaffäre mit Kathedralen dachte.

Da kam mir eine Idee. Einer dieser blöden Artikel war für eine holländische Zeitung bestimmt, der andere für eine englische Zeitschrift. Die Holländer würden wohl kaum die englische Zeitschrift lesen, und außer den Holländern gibt es niemanden, der Holländisch kann, eine Sprache, die es einem abverlangt, so zu sprechen, als hätte man den Mund voller Legosteine. Warum sollte ich nicht ein und denselben Artikel an beide Publikationen schicken? Ja! Ja, das war machbar!

Mit dem Laptop-Computer, den ich mir geliehen hatte, setzte ich mich an den kleinen Tisch in unserem Hotelzimmer, um ein tief reflektiertes, multikulturelles Meisterwerk über meine ersten Eindrücke von Bangladesch zu schreiben. Ich kann mich irren, denn in meiner persönlichen Geschichte gibt es eine Vielzahl ähnlicher Situationen, aber ich kann mich nicht erinnern, je weniger Lust verspürt zu haben, meine tausend Worte zu schreiben, wie an jenem Donnerstagnachmittag. Doch die weisen Worte des Propheten Nike, des Sohnes des Adidas, hielten mich aufrecht: „Just do it." Aber nur mein Stolz und meine Finger waren willig. Alles andere an mir krampfte sich erbärmlich zusammen und wartete darauf, dass die Quälerei endlich vorüber wäre.

Als ich meine Arbeit speicherte und mich erschöpft auf dem Stuhl zurücklehnte, drehte sich alles in meinem Kopf und ich fühlte mich, als hätte ich leichtes Fieber.

Später machten wir uns mit unserem neuen Freund und Führer Sanjay Sojwal auf den Weg durch die lärmenden, dunkler werdenden Straßen, um etwas zu essen ausfindig zu machen. Sanjay ist für die Öffentlichkeitsarbeit von World Vision in ganz Asien verantwortlich. Er war gekommen, um Fotos zu machen, die Filmcrew zu betreuen, die am Montag eintreffen sollte, und den Stab von Peter zu übernehmen, der noch an diesem Abend zurück nach England fliegen würde.

Inzwischen fühlte ich mich richtig krank und ziemlich beunruhigt. Wenn es mir nun für längere Zeit richtig schlecht ging, dachte ich, was würde dann aus dem Zweck unserer Reise? Was mochte Gott nur im Sinn haben?

Sanjay erwies sich als ein hochintelligenter und sehr liebenswürdiger Begleiter, aber ich kann mich nicht der Schlussfolgerung entziehen, dass ich mich ihm an jenem ersten Abend als ziemlich beschränkter Coca-Cola-Süchtiger präsentiert haben muss. Aus irgendeinem unerfindlichen Grund bestellte ich gleich zwei Flaschen, kaum dass wir uns gesetzt hatten, und dann saß ich teilnahmslos da, meine Hand um eine davon geschlungen, und zog ein erbärmliches Bröckchen Trost aus der kühl-vertrauten, weltweit gleichen Form der schlanktaillierten Flasche. Zu essen bestellte ich Fisch – ich glaube, es war gegrillte Seebarbe –, doch sobald er serviert wurde, wünschte ich mir aus tiefstem Magen, ich hätte es nicht getan. Diese Seebarbe mochte tot gewesen sein, doch ihr Geist lebte noch. Es war ein großer, fleischiger Fisch, der schwer auf der Seite lag, sodass eines seiner riesigen, vollkommen runden Augen mich vorwurfsvoll anstarren konnte.

„Es gab eine Zeit“, sprach das Auge voll Trübsal zu mir, „da auch ich wähnte, das Leben hätte einen Sinn und einen Zweck, aber jetzt – nun, wie du siehst, ist diese Zeit vorbei. Sag mir, was machst du in Bangladesch?“

Wie hypnotisiert von dem Auge wiegte ich schweigend den Kopf hin und her. Ich wusste es nicht. Ich hatte keine Ahnung. Mit dem Handrücken wischte ich mir über die feuchte Stirn, und da ich mich irgendwie verpflichtet fühlte, das Gericht zu verspeisen, das mir vorgesetzt worden war, benutzte ich die andere Hand, um mit der Gabel in die Flanke meines Fisches zu stechen. Das Auge schien sich auf die Größe einer Dartscheibe auszudehnen. Ich legte mein Besteck nieder und wusste, dass es keinen Sinn haben würde, es an diesem Abend noch einmal in die Hand zu nehmen. Plötzlich war mir ausgesprochen elend und schwindelig und ich wollte nur noch nach Hause.

Wenn eine Krankheit mich ans Bett fesselt, hat das meist einen oder zwei sehr positive Aspekte. Es ist die einzige Zeit, in der ich die Erfüllung meiner Aufgaben links liegen lassen kann, oder, was vielleicht ehrlicher wäre, die einzige Zeit, in der ich die künstlich ernährten Schuldgefühle links liegen lassen kann, die daher rühren, dass ich meine Aufgaben nicht erfülle. Welche Erleichterung! Doch diesmal war es nicht so. Bridget und ich hatten immense emotionale und organisatorische Anstrengungen in unsere Reise investiert. Außerdem waren da die World-Vision-Mitarbeiter in Großbritannien und hier in Bangladesch. Sie hatten unendliche Mühen auf sich genommen, um das Projekt zu einem Erfolg zu machen, so schleierhaft die genaue Natur dieses Erfolges uns im Moment auch erscheinen mochte.

In jener endlos langen Nacht lag ich stundenlang wach, schweißgebadet. Alle Knochen taten mir weh, während mein Geist in Reihe schreckliche Bilder des bevorstehenden

Tages produzierte, an dem Bridget und ich zum ersten Mal unserem Patenkind begegnen sollten. Und wir hatten uns Sorgen wegen falscher Emotionen gemacht! Ha! Allmählich erschien mir dieses Problem wie ein luxuriöses Vergnügen. Nun würde Bridget das allein machen müssen, und wenn diese blöde Krankheit sich hartnäckig zeigte, würde ich am Ende Shahnaj nie kennen lernen. Sie nie kennen lernen! Das würde aus dem blöden Buch, das wir schreiben sollten, wenn wir zurückkamen, eine ziemlich sinnlose Übung machen. *Falls* wir zurückkamen. *Falls* ich überlebte. Wirklich, wenn man es recht betrachtete, was hatte das alles überhaupt für einen Sinn? Hatte überhaupt irgendetwas einen Sinn? Nichts als Willkür und abstürzende Drachen und endlos wiederholte negative Verhaltensmuster und Zahnärzte und Enttäuschungen. Und am Ende hatte der Tod das letzte Wort ...

So durchquerte ich irre und zeternd und schwitzend bis zur Morgendämmerung meine ganz persönliche Wüste, bis ich schließlich in der Mitte einer unzureichenden, aber willkommenen kleinen Oase erschöpften, unruhigen Schlafes zusammenbrach.

Die Dichter

B: Heute morgen wache ich nach wenig Schlaf mit einem gellenden Kopfschmerz und dem Gefühl bevorstehenden Unheils auf. Sogleich fällt mir ein, warum. Heute soll Adrian ein Autorenseminar leiten. Aber wird er dazu in der Lage sein? Irgendwie hieve ich ihn im Bett in eine halb sitzende Haltung und versuche, ihn durch schiere Willenskraft gesund zu machen.

„Möchtest du vielleicht versuchen, mal aufzustehen, um zu sehen, ob es dir vielleicht schon ein bisschen besser geht?", frage ich ihn sanft, wenn auch, wie ich gestehen muss, mit hoffnungsvoller Entschlossenheit.

Adrian wälzt sich aus dem Bett, steht auf, schwankt und setzt sich schwer wieder hin. „Tut mir wirklich Leid, Bridget", sagt er mit zitternder Stimme, „aber mir ist fürchterlich schwindelig. Ich fürchte, ich packe das einfach nicht."

Selbst ich muss innerlich zugeben, dass es schwierig wäre, aus einer horizontalen Position heraus ein Autorenseminar zu halten, und das ist nun einmal die einzige Position, die er im Moment gefahrlos einnehmen kann.

„Ich fühle mich furchtbar", fährt er fort, „ich weiß, wie wichtig diese Sache für Martin ist, und jetzt ist es auch noch zu spät, den Leuten Bescheid zu sagen."

Das ist es tatsächlich. Ich lasse mein trauriges Exemplar aufrechter Männlichkeit erbärmlich zitternd im Bett zurück und gehe in das andere Zimmer, wo Adrians Aktentasche steht, prall gefüllt mit allen Reiseinformationen. Dort fische ich den Brief von Martin Adhikary heraus, der den eindrucksvollen Titel „Nationaler Koordinator für kirchliche Beziehungen" trägt, setze mich auf das dick gepolsterte rote Sofa und versuche, eine Entscheidung zu treffen.

Martin ist einer der liebenswertesten Menschen, die ich je getroffen habe, enthusiastisch, herzlich und ausgesprochen lebhaft. Darüber hinaus ist er sehr engagiert in seiner Tätigkeit und er hat uns bereits gesagt, wie sehr er darauf hofft, durch dieses Seminar junge Schriftsteller aus Bangladesch ermutigen zu können. Der Brief, den ich vor mir habe, richtet sich an die „sehr geehrten christlichen Schriftsteller in Bangladesch" und lädt sie ein, „unseren hoch geschätzten Gast Mr. Adrian Plass (einen in Großbritannien sehr renommierten Autor!)" kennen zu lernen, der über die „herausragende Rolle und Verantwortung eines christlichen Schriftstellers in einer Entwicklungsgesellschaft des anbrechenden Jahrtausends“ sprechen wird.

„Oh nein, das wird er nicht“, murmele ich vor mich hin, „sondern ich werde das tun. Die sehr geehrten Schriftsteller von Bangladesch werden eine Ansprache von a) einer Frau und b) jemandem, der nur ein Buch veröffentlicht und nicht die geringste Ähnlichkeit mit einem hoch geschätzten Gast hat, zu hören bekommen. Armer Martin. Arme Schriftsteller.“

Bewusst wehre ich jeden Gedanken daran ab, am Nachmittag allein mit Shahnaj zusammentreffen zu müssen, und gehe erst einmal frühstücken. Ein grimmiges Lächeln spielt um meine Lippen, als ich mich bei dem Gedanken ertappe, dass ich heute wenigstens nicht als letzte serviert bekomme! Der Umstand, dass ich während der ganzen Nacht als Festbankett für die Moskitos herhalten musste und mein Gesicht mit juckenden Stichen übersät ist, hebt meine Stimmung auch nicht sonderlich.

Nach der Hälfte meines Omelettes gelingt es mir, mich zusammenzureißen. Schließlich musste ich nicht um sechs Uhr morgens aufstehen, um mit unzähligen anderen eine Latrine zu teilen oder mich ein paar Straßen weit von meiner Behausung entfernt an einer Pumpe anzustellen, um Wasser zum Waschen zu holen. Ich musste keine Mahlzeit für sechs Leute zubereiten, die in einem Haus wohnen, das kleiner ist als unser Gartenschuppen. Mir ist nicht schlecht oder schwindelig wie Adrian. Und zum Glück habe ich einen ganzen Aktenordner voll von Adrians Material, das ich vorlesen kann. Vielleicht läuft ja alles ganz prima, wenn ich mich nur aufs Vorlesen beschränke. Dann brauche ich nur noch ein Thema vorzuschlagen, über das die Leute schreiben können, und alles ist in Butter. Schließlich sind sie mir als jung und unerfahren beschrieben worden. Vermutlich waren sie noch nie auf einem Autorenseminar, also …

Wie sich zeigt, sind sie nicht alle jung, und sie sind ganz bestimmt nicht unerfahren. Als sie einer nach dem anderen aufstehen, um sich vorzustellen, bin ich ziemlich überwältigt davon, wie erfolgreich und erfahren sie als Schriftsteller bereits sind. Bis auf den einen, der gesteht, überhaupt noch nie etwas geschrieben zu haben und nur in Begleitung seiner schreibenden Tochter hier ist.

„Ja", kommt eine laute Stimme vom anderen Ende des Raumes, „aber er war ein Freiheitskämpfer."

Dieser Zuruf wird mit Jubel und Applaus quittiert und ich staune erneut darüber, dass in diesem jungen, leidenschaftlichen Land diejenigen, die für seine Unabhängigkeit gekämpft haben, in jeder Situation, in die sie sich begeben, als Helden dastehen – selbst in einem Seminar für Schriftsteller.

Jetzt bin ich an der Reihe, und nachdem ich mich ausgiebig für Adrians Abwesenheit entschuldigt habe, fange ich an, die Anfänge seiner schriftstellerischen Tätigkeit und die Verbindung zwischen seinem Zusammenbruch und seiner daraus folgenden Leidenschaft für das Mitteilen der Liebe Gottes zu schildern. Ich stoße auf Sympathie und Interesse, als ich zu erklären versuche, wie Adrian entdeckte, dass universelle und tief greifende Wahrheiten sich durch schlichte Familienerlebnisse vermitteln lassen. Ich erzähle ein paar „Katy-Geschichten", Dinge, die unsere Tochter sagte oder tat, besonders, als sie noch klein war. Adrian benutzte sie, um unsere Torheit und Gottes Liebe zu seinen Kindern deutlich zu machen. Das scheint bei den meisten von ihnen auf Interesse zu stoßen, nach den nickenden Köpfen und lächelnden Mündern zu urteilen. Dann wende ich mich mit wachsender Zuversicht seinen Gedichten zu, denn schließlich gibt es, wie man mir gesagt hat, in Bangladesch eine lange lyrische Tradition, und Tagore, der berühmteste Dichter des Landes, wird hoch in Ehren gehalten.

Als ich mich dem Ende eines meiner Lieblingsgedichte nähere, spüre ich, dass etwas nicht stimmt. Die Atmosphäre ist ein wenig abgestumpft. Die Leute machen enttäuschte Gesichter. Ich suche ein anderes aus und diesmal lege ich, vielleicht aus einem Anflug von Verzweiflung, etwas mehr Leidenschaft in meinen Vortrag, als man als normal empfinden würde. Sie beugen sich vor. Am Ende höre ich ein anerkennendes Gemurmel. Ich fange neu an und lege noch mehr Tremolo in meinen Vortrag von *Winterspaziergang*. Jetzt habe ich sie, und als ich die letzte Zeile beende, wohl wissend, dass ich mich allmählich eher wie Edith Evans anhöre als wie Bridget Plass, ernte ich Applaus aus der Runde.

Nun sind die Teilnehmer an der Reihe, und als ich ihnen die Aufgabe stelle, anhand einer ganz alltäglichen Illustration aus dem Leben in Bangladesch eine Wahrheit zu vermitteln, die sich universell übertragen lässt, sehe ich zu meiner Erleichterung, wie sie ihre Stifte und Notizbücher zücken. Allerdings wird auch ziemlich laut durcheinander geredet und ich komme mir etwa so vor wie eine schüchterne Klassensprecherin, der man die Aufsicht über die nachsitzenden Rabauken aufgebürdet hat. Endlich ist ihre Zeit um und ich lehne mich zurück, erleichtert, dass mein Teil getan ist und Martin das Ruder übernimmt.

„Bevor wir nun vorlesen, was wir geschrieben haben", sagt Martin lächelnd, „gibt es noch irgendwelche Fragen?"

Nachdem er ein aggressives „Warum sitzen wir hier in einem schönen Raum und lesen Gedichte, während unser Volk hungert?" abgewehrt und eine knappe Antwort auf „Was ist der Unterschied zwischen einem christlichen und einem nichtchristlichen Schriftsteller?" versucht hat, bejaht Martin die Frage, ob es in Ordnung ist, wenn sie in ihrer Muttersprache Bangla vorlesen, und setzt sich.

Während ich zuhöre, wie fast jeder von ihnen in seiner Muttersprache vorliest, wird mir klar, warum sie von meinen ersten, gezügelten Vorträgen enttäuscht waren und sich erst dann erwärmen konnten, als ich anfing, die Gedichte zu intonieren wie Henry Irving. Bangla ist eine tonale Sprache, deren Hebungen und Senkungen jedem Wort erst seine Bedeutung geben. Sie kling samtig und musikalisch, ganz ohne die harten Kanten der westeuropäischen Sprachen. Einer nach dem anderen stehen sie auf und deklamieren ihre Arbeit mit leidenschaftlicher Eindringlichkeit. Es ist sehr bewegend. Das einzige Problem ist, dass ich nicht nur keine Ahnung habe, wovon sie reden, sondern genauso wenig weiß, ob das, was sie geschrieben haben, gut, schlecht oder kompletter Müll ist! Das spielt aber auch keine Rolle, nur dass nach jedem Text eine lange Pause entsteht, während der mich ein Dichter mit leuchtendem, erwartungsvollem Gesicht anschaut und auf meine Reaktion wartet.

Dass Martin sich gelegentlich zu mir herüberbeugt und deutlich vernehmbar „Das war eben sehr gut" flüstert, macht mir die Situation auch nicht gerade leichter.

Ich lächle und murmele und klatsche wie ein Aufziehclown, bis der letzte der Autoren fertig ist, aber dann kommt noch eine Frage. „In Bangladesch leiden wir christlichen Autoren für das, was wir schreiben. Wir benutzen unsere Lyrik, um die Rüstung einer ungerechten Regierung und der islamischen Vorherrschaft zu durchdringen. Warum benutzt Adrian seinen Witz nicht, um die liberale Haltung eurer Regierung gegenüber dem wachsenden Einfluss des Islam in Großbritannien zu attackieren?"

Einen kurzen Moment lang bin ich richtig stinksauer auf meinen Mann, weil er die Frechheit besessen hat, krank zu werden, aber dann ist mir, als ob ich irgendwie spüre, dass meine Antwort auf diese Frage Gott sehr wichtig ist. Ich versuche mich innerlich zurückzulehnen und zu hören, was er möchte, dass ich sage.

„In unserem Land haben wir die Erfahrung gemacht, dass man, wenn man jemanden zu direkt angreift, das Gegenteil von dem erreicht, was man eigentlich möchte. Die Leute sagen dann einfach: ‚Ich muss diesen Mist ja nicht lesen', und darum lassen sie es eben bleiben. Adrian geht es darum, die Leute dazu zu bringen, zu lachen und sich zu entspannen, um dann, wenn die kritische Seite ihres Gehirns gerade nicht hinschaut, unter ihrer Abwehr hindurchzuschlüpfen und das Herz zu attackieren."

Hört sich doch eigentlich ganz gut an! Ich sehe förmlich die Reputation meines Mannes vor meinen Augen zunehmen. Eine Art literarischer Freiheitskämpfer! Ich hoffe, ich habe es nicht übertrieben. Mir ist bewusst, wenn ich so weitermache, komme ich in Gefahr, einen Heiligen aus ihm zu machen. Rasch spreche ich weiter.

„Es ist nun einmal so, dass Adrian die Aufgabe bekommen hat, den Boden vorzubereiten, damit Gott seine Samen einpflanzen kann. Zum Beispiel sehen viele Menschen in unserem Land überhaupt keine Notwendigkeit, an Gott zu glauben. Für sie schrieb Adrian folgendes Gedicht, um sie aufzurütteln."

Ich lese das Gedicht *Amen* in meinem neuen dramatischen Stil und stolpere nur bei der Zeile „Auf einen Happen Heil und eine Tasse Heiligung" – das kapieren die nie – und setze mich dann völlig erschöpft, aber froh, diese Prüfung überstanden zu haben, wieder hin.

Der Moderator erhebt sich, dankt allen fürs Kommen und erklärt, dass alle herzlich eingeladen sind, noch zu Kuchen und Tee zu bleiben.

Nachdem ich mit den veröffentlichten Werken der gesamten Gruppe eingedeckt wurde und versprochen habe,

Fotokopien aller Gedichte, die ich vorgelesen habe, zu schicken, rufe ich mir Adrians Lieblingsspruch „Jede Veranstaltung geht vorbei" in Erinnerung und versuche mich innerlich auf den Besuch im Slum von Hazaribagh vorzubereiten.

Die Slums

Die extreme Verschmutzung, die in den Slums herrscht, in denen immer mehr Menschen aus ländlichen Gebieten Zuflucht suchen, sollte den Städteplanern ein dringendes Anliegen sein. Die Planer müssen sich die Tatsache bewusst machen, dass die meisten Slums eine ernste gesundheitliche Bedrohung darstellen. Auch die immer schlimmer werdende Kriminalität, die eng mit den Slums und der wachsenden Zahl arbeitsloser Jugendlicher verknüpft ist, sollten sie sich vor Augen führen. Es ist keine leichte Aufgabe, denn die Armen aus den ländlichen Gebieten, die durch Naturkatastrophen und den Mangel an Beschäftigungsmöglichkeiten verarmt sind, begeben sich in die Städte, in der Hoffnung, ein besseres Leben zu finden. Die Hilflosigkeit dieser Menschen wird von städtischen Anwerbern und Schlägern weidlich ausgenutzt, sodass viele von ihnen in der Kriminalität landen. Dhaka Independent, *Montag, 17. Januar 2000*

Mein Geschenk

B: Nun wird sich der Schleier heben.

Wir sind durch den ältesten Teil Dhakas gefahren, bis der lärmende, schmierige Glanz der bunt bemalten Rikschas und der optimistischen Straßenhändler immer engeren Gassen mit winzigen, schmutzigen Läden gewichen ist, in denen Fliegen, Dreck und offene Abflusskanäle einen fauligen

Gestank des Verfalls von sich geben. Endlich halten wir auf einem kleinen Platz vor dem Gemeinschaftshaus, wo Shahnaj und ihre Freundinnen auf mich warten werden.

Die Tür geht auf, und als wir in das dunkle Innere treten, wendet sich Joanna Rossario, die Leiterin des Projekts, sogleich an mich: „Erkennen Sie sie?“

Alle lächeln mich an und ich sende ein Stoßgebet zum Himmel. „Bitte, lass sie mich nach ihrem letzten Foto erkennen. Bitte, Herr, schenk, dass ich sie nicht im Stich lasse.“

Doch ich hätte mir keine Sorgen zu machen brauchen. Vor mir steht eine Gruppe von Kindern, offensichtlich in ihren besten Kleidern. Alle strahlen, aber nur eine leuchtet von innen her wie eine Glühbirne. Nur eine strahlt ein Selbstbewusstsein aus, wie ich es selten bei einem Kind gesehen habe. Das Haar in hübschen Schleifen hochgesteckt, blendet sie mich mit ihrem Lächeln, und während ich noch überlege, wie ich dieses Kind begrüßen soll, das mich gar nicht kennt und doch auf seltsame Weise mit mir und meiner Familie verbunden ist, tritt sie vor und überreicht mir stolz eine voll aufgeblühte rote Rose. Dann greift sie mit einer Geste, die keinen Zweifel daran lässt, wem ich gehöre, nach meiner Hand. Ich öffne meine Tasche und ziehe verlegen mit einer Hand eines meiner Geschenkpäckchen hervor, einen Satz Haarbürsten. In der Erwartung, dass sie es gleich öffnen wird, gebe ich es ihr, ein wenig unsicher, ob es ein passendes Geschenk ist. Zu meiner Überraschung reicht sie es, nachdem sie sich bei mir bedankt hat, ungeöffnet an das etwas ältere Mädchen weiter, das neben ihr steht. Eine Pause tritt ein. Shahnaj und Joanna wechseln ein paar Worte. Ich stehe da mit einem unbeweglichen Lächeln auf den Lippen, komme mir unendlich riesenhaft und ziemlich dumm vor und wünsche mir sehnlichst, Adrian wäre bei mir.

Plötzlich bricht emsige Aktivität aus. Wir sollen zu ihr nach Hause gehen. Jetzt gleich. Sie ist so weit. Sie weiß, was zu tun ist. Wie ein Tier auf einem Bauernhof an einem Seil zerrt sie mich vorwärts, zeigt mir, wo ich am besten meine Füße hinsetze, um nicht in den Abflusskanal zu fallen, deutet nach oben, wo die Kanten verrosteter Blechdächer mir den Kopf aufzuschlitzen drohen, vertreibt mit schriller Autorität alle, die sich vor uns versammeln, ihrer Meinung nach jedoch nichts mit unserer Feier zu tun haben, und befiehlt einem kleinen Jungen, der sich als ihr Bruder entpuppt, vorauszulaufen, vermutlich, um ihrer Mutter Bescheid zu sagen, dass wir unterwegs sind. Und die ganze Zeit über steht ihr Mund nicht still. Zum Bersten angefüllt mit Freude schaut sie zu mir herauf und schwatzt ohne Unterlass, offensichtlich nicht ahnend, dass ich kein Wort verstehe, das sie sagt. Mir fällt auf, dass das andere, etwas ältere Mädchen uns auf dem Fuß folgt. Es ist Shahnajs Schwester, und sie trägt mein unausgepacktes Geschenk. Schüchtern ergreift sie meine andere Hand, gewinnt sogleich Zutrauen und stimmt in das Geplauder ein. Ich bin völlig bezaubert, wenn auch ein bisschen atemlos. Allmählich habe ich das Gefühl, wenn wir noch ein bisschen schneller durch diese immer schmaler werdenden Gassen jagen, heben wir ab!

Inzwischen sind wir dem Rest unserer Gruppe so weit voraus, dass ich ohne Gesichtsverlust vorschlagen kann, Halt zu machen und zu warten. Amüsiert sehe ich die leise Sorge auf den Gesichtern der Verfolgergruppe, als sie um die Ecke biegt und sieht, dass meine begeisterten kleinen Schützlinge mich nicht entführt haben.

Den letzten Teil des Weges legen wir im Gänsemarsch zurück, da jetzt nur noch ein knapper Meter Abstand zwischen den Barackenwänden ist. In den dunklen, offenen Eingängen erhasche ich Blicke auf Frauen und Kinder, aber ich kann nichts richtig erkennen, zumal ich entschlossen bin, mich nicht zu blamieren, indem ich mit einem Fuß voller Unrat aus dem Abflusskanal zum Tee erscheine!

Endlich sind wir da. Zwei Stufen führen zum Eingang empor und ich registriere, dass das Haus offenbar auf Pfählen gebaut ist. Mit Shahnaj vor mir und ihrer Schwester hinter mir komme ich mir vor, als wären wir die Waggons einer Spielzeugeisenbahn, die gerade schnaufend in den Bahnhof einfährt. Drinnen ist es dunkel und sehr, sehr eng. Der ganze Raum scheint voller leuchtend weißer Zähne zu sein. Vor mir steht ein hochgewachsener, dünner Mann, der mir schüchtern die Hand schüttelt.

Fast der ganze Innenraum wird von einem Doppelbett eingenommen, auf dem zwei grinsende Jungen sitzen: der Kleine, den ich bereits gesehen habe, und einer im Teenageralter. Shahnaj und ihre Schwester Simon klettern sofort auf das Bett und drängen mich, ihnen zu folgen, was ich auch tue. Das ist auch gut so, denn nachdem Sujit, Joanna und Peter eingetreten sind, reicht der Stehplatz gerade noch für einen Besenstiel!

Ein Aufruhr an der Tür verkündet das Erscheinen der Dame des Hauses, die mit strahlendem Gesicht eintritt, ein Baby im Arm. Jetzt reicht der Platz auch für den Besenstiel nicht mehr, und da der Eingang auch noch von einer Schar Kinder verstopft ist, hat die ganze Situation auffallende Ähnlichkeit mit den Bedingungen, die wohl an Bord der Arche Noah geherrscht haben müssen.

Wieder tritt eine Pause ein, in der alle grinsend darauf warten, dass ich etwas tue. Aber was? Ich greife nach meiner Tasche und verteile die Geschenke. Oh je, jetzt habe ich doch die falschen Sachen mitgebracht. Was sollen denn Shahnajs Papa und ihr älterer Bruder mit ihrer Schachtel *Ferrero Rocher* anfangen? Wird ihr kleiner Bruder, der etwa acht

Jahre alt zu sein scheint, über sein Notizbuch und die Stifte sehr enttäuscht sein? Warum habe ich bloß nicht nachgeschaut, wie alt die Familienmitglieder sind, bevor ich hergekommen bin? Ich überreiche Simon und ihrer Mutter eine Auswahl an Seifen und Toilettenartikeln und Gott sei Dank habe ich auch bunte Bilderbücher dabei, von denen ich eines dem Baby schenke, „für später, wenn es ein bisschen älter ist“, und eines Shahnaj, zusammen mit einem T-Shirt, das wir auf dem Flughafen Heathrow gekauft haben.

Ich warte darauf, dass sie ihre Geschenke auspacken und eine Reaktion zeigen. Aber etwas stimmt nicht. Das Lächeln auf den Gesichtern ist verschwunden. Ach du meine Güte – was habe ich angerichtet? Habe ich irgendeine Sitte verletzt? Oder versehentlich jemanden aus der Familie beleidigt?

Dann flüstert Shahnaj ihrer Mutter etwas zu, worauf diese ihre Hände zu einer verzweifelten Geste ausbreitet und etwas zu Joanna sagt, die sich an mich wendet.

„Sie sind sehr traurig“, sagt sie, „weil sie kein Geschenk für Sie haben.“

Irgendwie gibt Gott mir die richtigen Worte. „Mein Geschenk ist, dass ich Shahnaj sehen darf.“

Das Lächeln kehrt zurück und durchbricht die Dunkelheit wie Edelsteine in einer Höhle. Jetzt redet alles durcheinander. Was sie mich fragen wollten, haben sie völlig vergessen. Es ist genug, dass ich nur hier bin. So lange haben sie darauf gewartet. Wie viele Kinder habe ich? Vier? Wie glücklich sie das offenbar macht! Das Baby wird mir in die Arme gedrückt. Verzweifelt hoffe ich, dass ich zeigen kann, was für eine fähige Mutter ich bin. Gott findet offenbar nicht, dass ich noch weitere Unterstützung von ihm brauche. Das Baby heult! Bedauernd gebe ich es Shahnajs Mutter zurück. Schniefend und mit einer kleinen speckigen Hand die Augen reibend schläft es ein. Wir lächeln einander an. Übersetzung überflüssig. Ich spüre, wie sich eine inzwischen schon vertraute, dünne kleine Hand in meine schiebt. Shahnaj nimmt Teil an diesem Moment und legt ihren Finger an die Lippen.

Plötzlich ist es Zeit. Zeit zu gehen. Jetzt gleich. Wieder wird mit der Plötzlichkeit, an die ich mich allmählich gewöhne, eine Entscheidung getroffen. Inzwischen drängt sich eine ziemlich große Menschenmenge auf dem knappen Quadratmeter Stehplatz. Viel Gerede. Viele Zusicherungen, dass dies kein trauriger Moment ist, weil wir ja am Sonntag wiederkommen und Adrian dann auch dabei sein wird (oh, wie ich das hoffe!).

Nach etlichen „Salaams" und geschüttelten Händen sind wir weg.

Wieder geht es die Gasse entlang, durch die versammelte Schar der Kinder hindurch, die mit einer außergewöhnlichen Auswahl westlicher Kleidungsstücke angetan sind, von gekräuselten Taftkleidern bis hin zu auseinander fallenden Baumwollshorts. Zurück ins Büro. Zurück zum Wagen. Und schließlich zurück zum Hotel, wo ein fiebernder Adrian mit rot geränderten Augen mich fragt, wie es gewesen sei.

„Es lief ganz gut."

„Ganz gut?"

Ja, ganz gut. Es war gut gewesen. Damit meinte ich nicht die Lebensbedingungen, die ich während des Nachmittags erlebt habe. Oder die Erschöpfung, die in das Gesicht des dünnen, schüchternen Mannes eingegraben war, Shahnajs Vater. Oder den Schmutz oder die Armut. Ich meinte etwas, das mir auf meiner inneren Reise widerfahren war.

Wissen Sie, an diesem Nachmittag hatte Gott dafür gesorgt, dass der Schleier sich heben konnte – und es war gut.

Das letzte Tor

A: Ich sagte ja, dass Krankeiten für mich einen oder zwei positive Aspekte haben, und auf die Gefahr hin, mich für manche Leser wie ein Spinner und für andere wie ein völlig vernünftiger Mensch anzuhören (wobei ich nicht sicher bin, welches dieser Extreme mich mehr beunruhigt), möchte ich Ihnen ein zweites Beispiel dafür schildern.

Gelegentlich, und besonders im Fall einer fieberhaften Erkrankung, scheint es genau in der Mitte des Sturms eine kleine, ruhige Stelle zu geben, wo ich Gott deutlicher reden hören kann als zu irgendeiner anderen Zeit. Ja, natürlich kann es sein, dass das nur Einbildung ist, aber ich hoffe es nicht, und eigentlich glaube ich es auch nicht. Genauso erging es mir auch, als ich aus jenem kurzen, aber hochwillkommenen Schlaf, in den ich in den frühen Morgenstunden des Freitags fiel, erwachte bzw. nicht oder nur halb erwachte.

Undeutlich wurde mir die Tatsache bewusst, dass Bridget mich allein gelassen hatte, um sich mit Shahnaj zu treffen – ohne mich. Und das, das musste wohl ich sein, was hier zurückgeblieben war, überlegte ich. Ja, das war ich, der da auf dem Bett ausgestreckt lag wie ein riesiger nasser Spargel und döste und erwachte und döste und wieder erwachte. Was in aller Welt war denn nur los? Einen Moment lang ertappte ich mein fieberndes Hirn bei dem Gedanken, dass die Schuld wohl bei British Airways liegen musste. Aus irgendeinem Grund war Gott bei unserem Flug von England nach Bangladesch nicht mitgekommen, so wie vor zehn Jahren, als wir mit einer anderen Fluggesellschaft unsere erste große Reise unternahmen und unser gesamtes Gepäck nicht in Australien aufgetaucht war.

Dann, ganz plötzlich, aber mit einer seltsamen, beinahe künstlichen Klarheit, fand ich mich an jenem stillen, reglosen

Ort wieder, von dem ich gesprochen habe, einem Ort, an dem weder Gesundheit noch Krankheit eine Bedeutung haben.

Vor mir stand eines jener schweren, weißen Tore aus fünf Balken, wie man sie auf Feldwegen und am Rande von Feldern überall in Großbritannien findet. Irgendwie wusste ich mit jener unerschütterlichen Gewissheit, die einem nur im Traum zuteil wird, dass es mir niemals gelingen würde, dieses Tor zu öffnen. Wenn ich meinen Weg auf dem Pfad, auf dem ich mich befand und dem ich aus ungewissen Gründen folgen musste, fortsetzen wollte, dann war das nur möglich, indem ich über das Tor kletterte. Gleichzeitig war mir jedoch bewusst, dass ich mit Taschen und Gepäckstücken verschiedenster Art so beladen war, dass ich das Hindernis unmöglich überwinden konnte, wenn ich nicht wenigstens einen Teil meiner Last zurückließ. Nach einer kurzen Pause ließ ich eine meiner Taschen auf den Weg fallen, kletterte unbeholfen auf das Tor und sprang mit einem wuchtigen Aufprall auf der anderen Seite zu Boden.

Mir wurde bewusst gemacht, ohne dass ich jede Gelegenheit wirklich durchlebte, dass genau dasselbe bei weiteren fünf Toren passierte, von denen jedes schwieriger zu überwinden war als das davor. Jedes Mal musste ich etwas von meinem Gepäck zurücklassen. Dann kam wie der dramatische Höhepunkt eines Films von der Sorte, bei der ich immer weinen muss, der Moment, als ich vor dem siebten und letzten Tor stand, der letzten Hürde, die mich, wie ich inzwischen verstand, von dem Ort und der Person trennte, die alle Anhänger Jesu am Ende ihrer Reise verzweifelt zu finden hoffen.

Noch ein Tor.

Wenn ich mich einfach oben hinaufhieven und auf der anderen Seite wieder hinablassen könnte, hätte ich meine

Reise hinter mich gebracht. Nur noch ein Tor, das höchste und am schwierigsten zu erkletternde – sogar unmöglich zu besteigen, wenn ich nicht mein einziges verbliebenes Gepäckstück aufgab.

Wenn ich Ihnen jetzt sage, dass diese letzte Last sich als meine Beziehung zu Jesus und die Geborgenheit entpuppte, die ich in meiner Nähe zu ihm verspürte, werden Sie verstehen, warum mir beinahe das Herz stehen blieb. Sie war alles, was mir geblieben war, und eine kleine, verängstigte Kinderstimme in mir rief aus, wenn ich diesen meinen letzten und kostbarsten Besitz fallen ließe, dann hätte es sowieso keinen Sinn mehr weiterzugehen. Es war ein Unsinn, doch nach der inneren Stimme meines Traums hatte ich kaum eine Wahl. Ich konnte mich mit einer für alle Ewigkeit unvollendeten Reise abfinden, für immer hier auf der falschen Seite dieses Tores hocken bleiben und mich an meine unvollkommenen Bilder klammern, oder ich konnte mich mehr oder weniger freudig auf das Risiko einlassen und hoffen und glauben, dass Chesterton Recht hatte, als er das Paradoxe als „auf dem Kopf stehende Wahrheit" definierte.

Ich warf meine letzte Last ab und fing an zu klettern ...

Sicher nur ein Traum, oder? Trotzdem wüsste ich zu gerne, ob ich es geschafft habe oder nicht.

Hazaribagh

Eine Welt voller Lachen

A: Als ich am Montag endlich Shahnaj kennen lernte, ging es mir schon viel besser. Ich *dachte,* ich sähe auch besser aus. Wenn ich mir allerdings heute die Fotos anschaue, die an jenem Tag von mir gemacht wurden, bin ich entsetzt über das, was alle anderen gesehen haben müssen. Ich habe große Ähnlichkeit mit der von Barry Humphries („Dame Edna“) dargestellten Figur des Sir Les Patterson, einer verknitterten, fast lüstern aussehenden Gestalt, offenbar gerade im frühesten Stadium der Erholung von einer heftig durchzechten Nacht. Vielleicht war ich kranker gewesen, als mir bewusst gewesen war. Wie auch immer, es schien keine Rolle zu spielen.

Wie Bridget bereits sagte, war Shahnaj das Mädchen, das leuchtete wie eine Glühbirne. Ihr ganzes Zuhause ließe sich viermal in unserem Wohnzimmer unterbringen, aber mit ihrer starken, Funken sprühenden Persönlichkeit könnte sie wiederum unser Haus viermal ausfüllen. An diesem Tag sprühte sie sogar doppelt so viele Funken, denn sie war ja die Hauptperson. Sie war der Grund, aus dem Bridget und ich hier waren, ihretwegen war die Filmcrew angereist, waren Sujit und Sanjay und Joanna und die anderen Leute vom Projekt gekommen und ihretwegen hatten sich die Leute aus der Nachbarschaft zusammengeschart. Sie war ein Star.

Ein Ereignis ließ mir Shahnaj ganz besonders ans Herz wachsen. Es hatte mit Sujit zu tun.

Sujit hatte es an diesem Tag auf dem Weg in die Slums nicht gerade bequem gehabt. Er musste sich mit dem Rück-

sitz des Autos begnügen, eingezwängt in eine Ecke am Fenster. Außerdem hatte er einen riesigen Globus mit Ständer auf dem Schoß. Der Globus war größer als sein Kopf und nicht viel kleiner als seine ganze Statur. Von außerhalb des Wagens sah er aus wie jemand, der sich widerwillig dazu hatte breitschlagen lassen, als zutiefst symbolischer lebendiger Werbeträger für die internationale Reichweite der Arbeit von World Vision zu dienen. Dabei wurde das Ding nur mitgenommen, damit Shahnaj und ich uns bei ihr zu Hause zusammensetzen und den Globus betrachten konnten. Ich wollte ihr zeigen, wo Großbritannien lag, und dann meinen Finger über den Planeten bis nach Bangladesch gleiten lassen. Das würde eine hübsche kleine Einstellung für den Film ergeben.

Weder Bridget noch ich waren überrascht, als der Globus auseinander fiel, nachdem das Baby danach gegriffen hatte. Doch wir bekamen das blöde Ding wieder unter Kontrolle und Bridget, Simon, Shahnaj und ich platzierten uns auf der Kante des großen Bettes, um mit dem Filmen zu beginnen.

Shahnaj, die als Schauspielerin eine ebenso begabte Amateurin ist wie ich, hatte genau verstanden, worum es ging, nickte intelligent, als ihr die Einstellung erklärt wurde, und war bereit, mit unserem „spontanen" kleinen Gedankenaustausch zu beginnen. Doch just in dem Moment, als Sanjay gerade „Action!" oder etwas ähnlich Filmregisseurmäßiges sagen wollte, blickte sie zufällig auf und sah Sujit in der Ecke des Raumes stehen.

Sujit ist ein liebenswerter Mensch und ich habe die allergrößte Hochachtung vor ihm, aber nur ein komplett stumpfsinniger Mensch hätte nicht begriffen, warum Shahnaj auf ihn deutete, sich dann zurücklehnte und in helles Gelächter ausbrach. Der Regisseur der Filmcrew, bemüht, die Szene richtig auszuleuchten, hatte Sujit gebeten, einen von diesen riesigen runden Reflektoren, die mit Silberfolie bespannt sind, emporzuhalten. Nun stand Sujit, der, wie gesagt, ebenso ungewöhnlich klein ist, wie ich ungewöhnlich groß bin, gehorsam und feierlich in Form eines Sterns da, die Beine gespreizt, die Arme ausgestreckt, und hielt den riesigen runden Silberschirm so hoch er konnte über seinen Kopf. Er erinnerte mich an eine jener moralisierenden Zeichnungen aus der viktorianischen Zeit – ein schwacher Mann, der mit bloßen Händen versucht, den Mond hochzuheben. Der Gesamteindruck war unwiderstehlich komisch – zumindest konnte ich ebenso wenig widerstehen wie Shahnaj. So verband uns in diesem Moment bei unserer ersten Begegnung unser gemeinsames Gelächter. Und ein gemeinsamer Sinn für Humor ist wie das Zusammenfließen zweier großer Flüsse.

Zum Glück konnte aber auch Sujit mitlachen!

Das geheimnisvolle Badesalz

B: „Unter euren Geschenken ist eines, das wir nicht verstehen“, übersetzt Joanna, während Shahnajs Mutter eifrig hinter einem behelfsmäßigen Vorhang herumwühlt, der von einer Stange an der hinteren Wand herabhängt.

Es ist erst mein zweiter Besuch bei der Familie und für Adrian natürlich der erste, doch die Atmosphäre ist entspannt und wir wurden von den Kindern begrüßt wie ein Onkel und eine Tante, die sie seit Jahren gut kennen. Es ist ein schönes Gefühl. Die übrigen Familienmitglieder hocken neben Adrian und mir auf dem Bett und lächeln erwartungsvoll und ich erwidere ihr Lächeln zutraulich, während ich mir in Gedanken schon zurechtlege, wie ich ihnen erkläre, wie man die dekorativen Kerzenständer zusammensetzt, oder wie ich Suman versichere, dass die *Ferrero Rocher* zum Essen da sind und nicht ein seltsamer westlicher Schmuck, den man an den Ohrläppchen trägt.

Nach einigem Herumwühlen taucht sie mit einem Würfel aus weißem, krümeligem Pulver auf, eingepackt in eine fliederfarbene Folie, und hält ihn mir entgegen. Ich starre auf den Würfel. Hilflos spüre ich, was die Familie sofort bemerkt haben muss, nämlich eine gewisse Röte auf meinen Wangen und meinem Hals. Am liebsten würde ich im Boden versinken.

Immer noch lächeln sie. Immer noch warten sie. Immer noch klagt mich der zerkrümelnde Würfel auf der ausgestreckten Hand meiner bodenlosen Dummheit an.

„Das ist ein Badewürfel“, presse ich schließlich zwischen den Zähnen hervor.

„Das ist ein Badewürfel“, übersetzt Joanna fröhlich.

„Was macht man mit einem Badewürfel?“

Gebannte Aufmerksamkeit von Seiten der Bangladeschis. Benommenes Schweigen von der britischen Seite.

Ich sehe, wie Adrian mich voller Entsetzen anschaut. Seinen Gesichtsausdruck deute ich so: *Wie konntest du nur so blöd sein, einer Familie, deren einzige Bezugsquelle für Wasser eine Schwengelpumpe am Ende der Straße ist, Badewürfel mitzubringen?*

Innerlich muss ich ihm vollkommen zustimmen. Wie konnte mir entgehen, dass sich in dem Geschenkkörbchen mit Seifen und Gels, das ich dieser Dame überreicht hatte, auch zwei Badewürfel mit Lavendelduft befanden?

Immer noch lächeln sie. Immer noch warten sie. Da hat Simon einen Geistesblitz und flüstert ihrer Mutter aufgeregt etwas zu, während sie den Würfel an ihrem schlanken Arm auf und ab reibt.

Joanna lacht. „Natürlich – Seife! Ist das Seife, Bridget?"

Die Pause scheint nie zu enden.

Schließlich lasse ich jeden Versuch fahren, meinem Gewissen zu folgen und mich zu meiner Gedankenlosigkeit zu bekennen, wobei ich sorgfältig jeden Blickkontakt zu meinem Mann vermeide, der sich, wie ich merke, geflissentlich aus diesem Schlamassel heraushält.

„Äh, ja, es ist so eine Art Seife – so etwas Ähnliches jedenfalls."

„Eine Art Seife – Seife, ja, natürlich ist das Seife. Wie dumm von uns!"

Unter einem Chor von fröhlichem Geplapper, Lachen und entschuldigendem Kopfschütteln über ihre Unwissenheit wird der kostbare Würfel ehrfürchtig wieder an seinen Platz hinter dem Vorhang gebracht.

Niedergeschmettert vor Verlegenheit sitze ich inmitten meiner Lüge und meiner Feigheit und stelle mir den Moment vor, wenn unsere Gastgeberin mein unnützes Geschenk tatsächlich benutzen will und ihren Arm mit krümeligem, klumpigem Badesalz bestreicht.

Perfekte Prioritäten

A: Am selben Tag wurden wir zu einem ummauerten Hof geführt, wo etwa fünfzehn sehr lebhafte Frauen dicht beisammen im Kreis auf dem Boden saßen und eifrig mit Stickereien beschäftigt waren. Es schien eine ausgesprochen fröhliche und gesprächige Runde zu sein.

Aber warum mussten sie sich auf diesem abgeriegelten Hof treffen?

Nun, weil manche von ihnen ihre Schleier abnehmen mussten.

Und warum kamen in ihren hübschen Stickereien so viele Elefantenmotive vor? Etwa deshalb, weil es in Bangladesch so viele Elefanten gibt?

Oh nein, es gibt kaum noch Elefanten in Bangladesch. Aber die meisten Käufer ihrer Stickereien wollen Elefanten haben, also müssen Elefanten her!

Und worüber unterhielten sie sich so angeregt, während sie dort saßen und arbeiteten?

Ach, über alles Mögliche! Über die letzten Neuigkeiten aus der Gegend. Über Probleme, für die sie Rat brauchten. Über Kinder. Über Ehemänner – großes Gekicher.

Und was gab ihnen diese Stickereigruppe?

„Geld", sagte eine.

„Arbeit", sagte eine andere.

„Freundschaft", sagte eine Dritte.

Und welches dieser wertvollen Dinge war ihnen am meisten wert?

Kein Zögern. Aus fünfzehn Mündern schallt mir das Wort für „Freundschaft" entgegen, hallt von den Mauern wider, die den engen Hof einschließen, und füllt unsere Herzen und das Herz Gottes mit Freude.

Oh ja, Freundschaft ist am meisten wert!

Das Baby

B: Das Baby, das ich bei meinem ersten Besuch auf den Arm genommen hatte, war, wie sich herausstellte, die Tochter der Schwester von Noor Jahan, die nebenan wohnte. Vielleicht haben die Väter in Hazaribagh nicht so viel Zeit, mit kleinen Babys zu kuscheln, insbesondere, wenn es kleine Mädchen sind. Offensichtlich waren die beiden liebenswerten Frauen völlig verblüfft über die Geschwindigkeit, mit der Adrian ihren kleinen Sonnenschein hochhob und beschmuste, sobald sie erschien. Wer unsere Fotos anschaut, könnte verständlicherweise auf den Gedanken kommen, dass in jedem Winkel des Slums eine Unzahl identisch gekleideter kleiner Mädchen anzutreffen gewesen sei, denn sie tauchte überall auf. Von Rajip oder Simon voll Stolz getragen, wurde sie Adrian in jedem passenden Moment in die Arme gelegt. Und auch in einigen äußerst unpassenden Momenten. Aber das machte ihm nichts aus. Er ist verrückt nach Babys.

Shahnaj in der Schule

B: Vom ersten Planungstreffen an waren wir davon ausgegangen, dass wir Shahnaj in der Schule besuchen würden. Schließlich war die Schulbildung der Kern des Patenschaftsprogramms in Hazaribagh und wir waren gespannt, sie im Unterricht zu sehen.

Ich weiß nicht, was wir erwartet hatten, aber wir hätten uns nicht träumen lassen, wie die krasse Wirklichkeit des Unterrichts in einer staatlichen Schule in den Slums von Bangladesch aussah.

Die Grundschule von Hazaribagh ist ein älteres Gebäude, das den großen Vorteil hat, auf Säulen errichtet zu sein und somit jedes Jahr, wenn die Überschwemmungen kommen, als Notzuflucht dienen zu können. Es gibt vier kahle Klassenräume, die nur mit schmalen Holztischen und Stühlen ausgestattet sind. Keine Bilder. Keine bunten Schaubilder an der Wand. Keine Videos oder Fernseher. Keine Musikinstrumente. Keine Turnmatten. Keine Geräte. Keine Handarbeitsmaterialien. Kein Teppich für die Vorleserunde. Keine Becher mit Filzstiften oder Wachsmalkreiden. Keine Bücherregale. Eine Tafel in jedem Klassenraum war das einzige Hilfsmittel, das wir sahen.

Auf dem kurzen Weg von ihrem Zuhause zur Schule fragte ich Shahnaj, ob sie in der Schule auch Tanzunterricht hätte. Mit dieser Frage erntete ich wieder einmal lautes Gekicher. Im ersten Moment dachte ich, sie hätte meine Frage nicht verstanden. Dann wurde mir klar, dass sie kicherte, eben weil sie mich verstanden hatte! Ihr belustigtes Staunen über die abwegige Vorstellung, in der Schule tanzen zu lernen, erinnerte mich an etwas anderes.

Vor vielen Jahren hatten wir einmal einen kleinen Jungen aus dem Londoner East End bei uns beherbergt, im Rahmen einer Stiftung, die Kindern kostenlose Ferien auf dem Land ermöglichte. Am ersten Morgen starrte unser kleiner Gast mit offenem Mund und mit sichtlicher Verachtung unsere Jungen an, die reichlich Milch in ihre Cornflakes-Schüsseln gossen.

„Ey, esst ihr eure etwa mit dem Zeug?“

„Ja, wieso? Womit isst du sie denn?“

„Mit Wasser natürlich, ihr Idioten!“

Was für den einen die Milch ist, ist für den anderen das Wasser. Wie mein Vater oft sagt: „Kommt alles drauf an.“ Shahnaj hatte nicht den Eindruck, dass ihr etwas fehlte, weil es keinen Tanzunterricht gab. Sie fand das völlig normal.

Der Unterrichtsstil des Lehrers war erschreckend barsch, fast militärisch. Er schoss seine Fragen ab wie verbale Maschinengewehrkugeln, die die Kinder zwischen den Zähnen auffingen und als Antworten zurückspieen. Sie sprangen auf, antworteten sofort aus voller Lunge und in genau demselben Stakkato-Tonfall.

WAS IST DAS?
DAS IST EIN RADIERGUMMI!
WAS IST DAS?
DAS IST EIN BLEISTIFT!
WAS IST DAS?
DAS IST EIN LINEAL!

Da ihm offenbar die Gegenstände ausgegangen waren, die die Kinder identifizieren konnten, ging der Lehrer dazu über, die Fortschritte seiner Schüler in der englischen Sprache zu demonstrieren. Das dauerte ebenfalls nicht lange und wurde mit der gleichen Geschwindigkeit und Lautstärke durchgeführt.

SAGT GUTEN TAG!
GUTEN TAG!
WIE HEISST DU?
ICH HEISSE SIMA!
ICH HEISSE FATIMA!
ICH HEISSE SHAHNAJ!
SAGT AUF WIEDERSEHEN!
AUF WIEDERSEHEN!

Es war nicht gerade elektrisierend und mit Kreativität hatte es nicht das Geringste zu tun, aber der Stolz, mit dem der

Lehrer seine Demonstration vorführte und mit dem die Kinder dabei mitmachten, war nicht zu übersehen. Als wir uns später darüber unterhielten, stellten wir fest, dass wir beide von der Atmosphäre im Klassenraum enttäuscht gewesen waren, besonders, wenn wir sie mit dem regenbogenfarbigen Ethos der Grundschule in Hailsham verglichen, die unsere vier Kinder besucht haben. Wir mussten uns vergegenwärtigen, dass Schulbildung in Bangladesch eine sehr ernste Sache ist, und auch, dass die Kinder durch die kompromisslos strenge Art ihres Lehrers keineswegs eingeschüchtert waren.

„Und", fügte Adrian hinzu, „immerhin bedeutet es, dass Shahnaj eine Chance für die Zukunft hat. Danken wir Gott, dass sie überhaupt zur Schule gehen kann."

Und das taten wir.

Wir waren überhaupt der Meinung, es gäbe in Hazaribagh eine Menge Dinge, für die wir Gott dankbar sein konnten. Es war schon enorm, was dort allein in den letzten zwei Jahren mit dem Geld der Kinderpatenschaften auf die Beine gestellt worden war. Die fünfzehn Pfund im Monat waren gut angelegt.

Wofür das Geld der Kinderpatenschaften 1998 und 1999 verwendet wurde

SCHULBILDUNG

Für alle zugänglich:

- Vier Vorschulen für 300 nicht gesponserte Kinder, die Müttern die Möglichkeit geben, zu arbeiten, und die Kinder auf eine formellere Schulbildung vorbereiten
- Informelle Lese- und Schreibkurse für Frauen, gehalten von geschulten ehrenamtlichen World-Vision-Mitarbeitern

Für die 1200 Patenkinder:
- Fünfzig Prozent der Schulgebühren
- Fünfzig Prozent der Kosten für Schulbücher
- Hundert Prozent der Prüfungsgebühren
- Eine Schuluniform pro Jahr
- Schreibpapier und andere Materialien zweimal im Jahr
- Spezielle Coaching-Kurse zur Vorbereitung auf die Aufnahmeprüfungen für weiterführende Schulen und das College
- Ein viermonatiger Kurs für gesprochenes Englisch
- Musikunterricht
- Debattierwettbewerbe
- Studienfahrten
- Zwei Sporttage pro Jahr
- Informationsveranstaltungen, in denen Teenager über ihre Rechte aufgeklärt werden

GESUNDHEITSPROGRAMM

KURATIV

Für alle zugänglich:
- Medizinische Behandlung in ambulanten Kliniken an drei Tagen pro Woche (10.000 Klinikbesuche 1998)
- Überweisung schwerer Krankheitsfälle ins Krankenhaus oder an andere Fachärzte

Für Sponsorenkinder und ihre Familien:
- Volle Übernahme aller Arztkosten, einschließlich der Krankenhausaufenthalte

PRÄVENTIV

Für alle zugänglich:

- Impfung aller bis Fünfjährigen gegen Kinderkrankheiten
- Impfung aller Frauen im gebärfähigen Alter
- Entwurmung für 8000 Personen
- Familienplanung für 700 Paare
- Jährliches Gesundheits-Camp zur Behandlung oder Überweisung von Augen-, Ohren-, Nasen- und Halserkrankungen
- Ständige Gesundheitsaufklärung, auch über Ernährung
- Sechs Frauengruppen zu Hygiene und Krankheitsvorbeugung
- Drei Gesundheitsworkshops über elementare Gesundheitsvorsorge, an denen jeweils fünfzig Ortsansässige teilnahmen
- Ausbildung von fünfzig traditionellen Hebammen
- Lepraklinik zweimal monatlich in Zusammenarbeit mit der Leprosy Mission
- Beteiligung an nationalen Gesundheitstagen, z. B. Anti-Drogen-Tag; Vitamin-A-Tag (Kapseln für 4000 Kinder bis fünf Jahre); Anti-Polio-Tag (Impfstoffe für 1600 Kinder); Woche des Stillens
- Erstellung von zweiundachtzig Latrinen, jeweils für vier Familien
- Zwölf neue Rohrbrunnen (mehrere sind bereits vorher gebaut worden)

WIRTSCHAFTLICHE ENTWICKLUNG

Für alle zugänglich:

- Vier neue Spargruppen (103 Frauen)
- Umlaufkreditplan, durch den umgerechnet 6000 Pfund zur Verfügung gestellt wurden
- Schulung in Stickerei und Nähen für Frauen
- Puppenherstellung für heranwachsende Mädchen
- Mechanik für heranwachsende Jungen

ENTWICKLUNG VON FÜHRUNGSKRÄFTEN

Für alle zugänglich:

- Teams von Ortsansässigen lernen, wie die Projekte durchzuführen und zu beaufsichtigen sind, nachdem World Vision sich zurückgezogen hat
- Drei Workshops für Frauen zu Gesundheitsaktivitäten
- Ein Workshop für Hebammen
- Treffen mit Lehrern, um für das Wohlergehen der Sponsorenkinder zu sorgen
- Ausbildung der Vorschullehrer des Projekts durch das Institute of Childhood Education in Dhaka
- Ausbildung für Entwicklungshelfer durch Mitarbeiter des Landesbüros von World Vision in Bangladesch

DIREKTE HILFSMASSNAHMEN

Für alle zugänglich:

- Lebensmittel und Unterbringung während Überschwemmungen

Für die Familien der Sponsorenkinder:

– Während des besonders kalten Winters wurden vierhundert Decken verteilt

Theater – 'rein oder nicht 'rein?

B: Später am Montag ging mir dann der nächste Kronleuchter auf. Wie üblich, war er von heftigem inneren Gezeter und Gejammer begleitet, und wie üblich musste ich lernen, dass ich auf dem Holzweg war.

Wir waren in Shahnajs Haus zurückgekehrt, nachdem wir das Tagesprogramm beinahe hinter uns gebracht hatten. Jetzt brauchte die Filmcrew nur noch eine Einstellung von Shahnaj beim Wasserpumpen, was ihr absolut lächerlich vorgekommen sein muss – ungefähr so, als ob man eines unserer Kinder auffordern würde, für die Kamera den Wasserhahn aufzudrehen!

Mir war inzwischen alles egal. Alles, was ich wollte, waren fünf Minuten, in denen ich einmal nicht irgendjemandes Ehrengast sein musste, damit ich mein Lächeln für eine Weile verschwinden lassen und mir ein paar neue Superlative ausdenken konnte. Mir war nur zu bewusst, dass ich mich allmählich anhörte wie eine dieser Plastikpuppen, denen drei verschiedene Sätze einprogrammiert sind, die sie jedes Mal von sich geben, wenn jemand auf den entsprechenden Knopf drückt oder sie in eine bestimmte Richtung neigt.

Nicht, dass ich das alles nicht ehrlich gemeint hätte. Es war *wirklich* ein „wunderbares" Erlebnis gewesen und ich hatte die Stickereigruppe, die Spielzeugherstellung durch Jugendliche und den Nähkurs *wirklich* „erstaunlich" gefunden. Nur war mir, als Adrian mir ins Ohr flüsterte, er würde mich umbringen, wenn er mich noch ein einziges Mal diese beiden Lobesworte aussprechen hörte, bewusst geworden, dass mein Vorrat an bestätigendem Vokabular offensichtlich doch sehr begrenzt war. Aber was soll's, sagte ich mir, der Tag war wirklich gut gelaufen und Shahnaj, Rajip und Simon hatten ihn in vollen Zügen genossen und steckten noch immer voller Energie und Fragen.

„Spielen eure Söhne Kricket?"

„Was macht eure Tochter am liebsten?"

Schon der Gedanke an Kate ließ mich inständig wünschen, sie wäre bei uns. „Sie liebt das Tanzen mehr als alles andere auf der Welt."

„Ich tanze auch gern", sagte Shahnaj. „Ich mag Hindi-Tänze. Die habe ich im Fernsehen gesehen."

Plötzlich lugte Sanjays Gesicht hinter seiner Kamera hervor. Um ehrlich zu sein, wir hatten uns inzwischen so an die Anwesenheit der Filmcrew gewöhnt, dass wir sie ganz vergessen hatten.

„Vergesst nicht, dass ich noch eine Eintrittskarte übrig habe."

Ich hatte es vergessen. An diesem Abend sollten wir uns eine Tanzaufführung im Auditorium des Nationalmuseums anschauen. Sie fand im Rahmen einer *Woche des klassischen indischen Tanzes* statt, die die indische Botschaft ausrichtete. Sanjay hatte vorgeschlagen, dass wir hingehen sollten, um uns von den Dreharbeiten des Tages zu entspannen. Dazu hatte er fünf Freikarten organisiert. Zu unserer Freude und, wie ich zugeben muss, Überraschung hatte Dhiman geäußert, dass er klassische Tänze liebe, und so wollten wir vier uns einen schönen Abend machen – falls Adrian nicht wieder dem Fleckfieber erlag.

„Nehmt sie doch mit zu der Tanzaufführung. Das wird ein tolles Erlebnis für sie. Sie könnte vorher mit euch ins Hotel kommen."

„Das wäre wunderbar – erstaunlich!"

Nein, wäre es nicht. Es wäre schrecklich. Wie konnten wir sie mit ins Hotel nehmen? Ich würde vor Scham sterben, wenn sie den absurden Luxus sah, in dem wir lebten, und mit ihrem Zuhause verglich. Wie sollte sie damit fertig werden? Und was würde sie essen? Und was würde passieren, wenn sie das Leben außerhalb von Hazaribagh sah? Bisher war sie nur einmal außerhalb ihrer vertrauten Umgebung gewesen, das war, als sie zusammen mit ihrer Mutter ihre Großmutter zum Flughafen gebracht hatte. Wenn all dies ihr nun die Augen für die Armut öffnete, die sie bisher als normal akzeptiert hatte? Was hätte sie davon? Wie konnte er nur so etwas vorschlagen ...

Mein D-Zug aus Zweifeln und Bedenken und Ängsten schien sich plötzlich in einen buchstäblichen Zug verwandelt zu haben, denn ich merkte, dass ich in Bewegung geraten war. Das ganze Bett, auf dem wir saßen, erbebte, als Shahnaj neben mir auf und ab hüpfte und ihr hübsches kleines Gesicht noch mehr leuchtete als sonst, während sie aufgeregt auf ihre Mutter, Joanna und Sanjay einredete.

„Aber wie bringen wir sie wieder nach Hause?", fragte ich kläglich.

Das war offenbar kein Problem. Schließlich kam ja Dhiman mit uns. Ihm würde es nichts ausmachen. Er würde gern behilflich sein.

„Und wenn sie sich nun langweilt?"

Überraschtes Gelächter und Kopfschütteln allenthalben, nachdem diese Frage übersetzt worden war!

Ich nahm meine Niederlage hin, doch innerlich fühlte ich mich immer noch völlig hin- und hergerissen. Hatte ich Recht? Hatte ich Unrecht? Fürchtete ich wirklich, dass es sich negativ auf sie auswirken könnte, wenn sie einmal aus dem Lebenskreis, den sie bisher kannte, herauskam, oder machte ich mir nur Sorgen um mich selbst? Hatte ich vielleicht Angst, dass ich den Boden unter den Füßen verlieren würde? Wie würde ich mit der Situation zurechtkommen? War ich es vielleicht, die nie wieder dieselbe sein würde?

Bis vor zehn Tagen war Shahnaj für mich ein kleines Kind auf einem Foto gewesen, das wir aus der Ferne unterstützten, um ihm Nahrung und Bildungsmöglichkeiten zu geben. Doch nun würde ich sie einen Abend lang ausführen, um ihre Bildung zu erweitern, und sie persönlich zum Essen einladen. In meinem Kopf protestierte immer noch alles, dass ich unmöglich mein kleines Exemplar aus den hungernden Millionen mit ins Theater nehmen konnte. Schon jetzt war sie viel zu real für mein zukünftiges inneres Gleichgewicht geworden. Mir war richtig schlecht vor Angst.

Immer noch lachend und durcheinander redend gingen die anderen nach draußen, um so schnell wie möglich die Dreharbeiten abzuschließen, damit wir reichlich Zeit hätten, pünktlich zu der Tanzaufführung zu kommen. Ich versuchte mich zusammenzureißen. Wie würde dieser Abend wohl verlaufen? Nur eines war sicher – ich musste dafür sorgen, dass sie eine vernünftige Mahlzeit bekam.

Der mit den Teekannen tanzt

A: Als völlig normales elfjähriges Mädchen war Shahnaj natürlich ebenso wild entschlossen, keine vernünftige Mahlzeit zu sich zu nehmen. Während unser Gefährt sich im abendlichen Zwielicht durch die überfüllten Straßen von Dhaka dem Theater entgegenschlängelte, drehte ich mich zu ihr nach hinten um. Sie saß auf dem Rücksitz und genoss die zweite Autofahrt ihres ganzen Lebens.

Angetan mit Make-up und groß in Schale geworfen, glühte sie heute Abend förmlich vor Aufregung und gespannter Erwartung. Dieses Mädchen, ging es mir plötzlich durch den Kopf, und ihre Brüder und ihre Schwestern ebenso, ließe sich geradewegs in eine britische Grundschule versetzen, und abgesehen von den Sprachproblemen würde sie sich innerhalb einer Woche vollkommen in die neue Gemeinschaft eingelebt haben. Wer sich in seiner eigenen Familie geliebt und geborgen fühlt, hat schon die wichtigsten Voraussetzungen, um sich an eine neue Umgebung zu gewöhnen, ob er nun aus Dhaka kommt oder aus Doncaster.

„Shahnaj", sagte ich, „du musst unterwegs etwas essen. Du kannst dir aussuchen, was du willst – ganz egal! Sag einfach, was du am liebsten hättest, und wir besorgen es für dich."

Ich muss gestehen, dass ich mich selbst in diesem Stadium noch der vagen Erwartung hingab, ein Kind aus den Slums würde sich für eine nahrhafte, ausgewogene Mahlzeit entscheiden, reich an den richtigen Vitaminen und Nährstoffen, irgendetwas eben, das geeignet war, ihr den nagenden Hunger für ein paar Tage vom Leib zu halten.

Na ja, gut – Sie kommen bestimmt auch manchmal auf verrückte Gedanken, oder etwa nicht?

Die Begeisterung in ihrer Stimme war unverkennbar, als sie antwortete. Sie wusste genau, was sie wollte, und sie hatte nicht vor, den vielleicht einzigen Feenwunsch, der ihr im Leben gewährt wurde, für etwas so Jämmerliches wie *vernünftiges* Essen zu vergeuden. Warum, wenn man's recht bedenkt, sollten arme Leute die Armut nicht nur zu ihrem Vollzeitberuf, sondern auch zu ihrem Hobby machen?

Was Shahnaj wollte, heißt *Misty Doy*, ein süßes, joghurtähnliches Konfekt, das in Bangladesch bei Kindern wie Erwachsenen sehr beliebt ist.

Nachdem Dhiman ein kleines Lädchen am Straßenrand ausgemacht hatte, wo es zu haben war, aßen wir alle *Misty Doy*. Ich muss sagen, es war wirklich sehr lecker. Allerdings fühlten Bridget und ich uns etwas schuldig. Wir hatten versprochen, dafür zu sorgen, dass sie eine Mahlzeit bekam, und nun setzten wir ihr Süßigkeiten vor. Macht nichts, trösteten wir uns, sie konnte ja auf dem Rückweg noch immer etwas Richtiges essen.

Angefüllt mit Vorfreude und *Misty Doy* hielten wir schließlich vor dem imposanten Gebäude des Nationalmuseums, reichlich pünktlich für die Vorstellung um sieben Uhr. Wie reiche Leute entstiegen wir dem Wagen und überließen es Dhiman, einen Parkplatz zu suchen, während wir mehrere Prachttreppen hinauf zum Auditorium stiegen, wo die Tanzaufführung stattfinden sollte.

Die Augen vor Aufregung weit aufgerissen, ließ sich Shahnaj, die beeindruckt, aber nicht im Mindesten überwältigt war, keine Einzelheit entgehen. Sie studierte die großzügige Pracht des Gebäudes, die teuer gekleideten, vornehm aussehenden Gäste, die vor und hinter unserer kleinen Gruppe anstanden, während wir auf den Einlass warteten, und schließlich dort vor uns, am anderen Ende des schräg abfallenden Zuschauerraums, die breite, in Pastellfarben sanft beleuchtete Bühne, die, wie es ein Theater immer tun sollte, die elektrisierende Möglichkeit verhieß, dass heute Abend etwas Magisches – etwas Unmögliches – passieren könnte.

Als ich meinen Platz neben Shahnaj einnahm, rechnete ich, wie ich gestehen muss, eher damit, dass eher für sie etwas Magisches passieren würde als für mich. Sicher, ich hatte aufgrund von Kates Engagement schon viele Stunden bei Tanzaufführungen zugebracht, aber ich weiß die Feinheiten nicht immer zu schätzen – um es mal vorsichtig auszudrücken.

Stirnrunzelnd rückte ich meine Brille zurecht und studierte das Programm, das uns am Eingang überreicht worden war.

Hmmm ...

Heute Abend sollten Sharmila Biswas und ihre Truppe einen so genannten Odissi-Tanz zur Aufführung bringen. Odissi war, wie ich meiner Lektüre entnahm, ein klassischer Tanzstil, dessen Ursprünge im zweiten Jahrhundert vor Christus in einem Teil Indiens zu finden sind, der heute Orissa heißt. Traditionell wurde er von Maharis oder Tempeltänzerinnen vor Götterbildern aufgeführt. Das heutige Tanzspiel hieß *Sampoorna* und handelte vom Leben der Mukta Mahari im Zwiespalt zwischen einer starren Tradition, die ihr einen mysteriösen göttinnenhaften Anstrich gibt, und der sich verändernden Welt, die nicht mehr viel mit ihr anzufangen weiß. Durch die Tänze, die wir gleich sehen würden, entdeckt sie sich selbst und den Sinn ihres Daseins.

Hmm ...

Sharmila Biswas, so berichtete mir mein Programm weiter, bemühte sich um die Bereicherung und Horizonterweiterung des klassischen Odissi-Tanzes und hatte bereits auf Festivals und Workshops in aller Welt mitgewirkt.

Hm!

Kein Zweifel. Uns stand eine hochkarätige Aufführung bevor.

Als die Zeit für den Beginn der Aufführung gekommen war, hatte sich das Theater buchstäblich bis zum Bersten gefüllt. Es herrschte ein hektisches Stimmengewirr. Aus irgendeinem Grund waren offenbar erheblich mehr Eintrittskarten verkauft worden, als Sitzplätze zur Verfügung standen. Die Seiten und die Hinterwand des Zuschauerraums waren von zwei Reihen stehender Zuschauer gesäumt. Selbst in den Gängen drängten sich die Menschen. Die Atmosphäre war elektrisch aufgeladen.

Endlich ging das Licht aus und die Aufführung begann.

Nun, Bridget hat mir das Versprechen abgenommen, ganz klar und unmissverständlich zum Ausdruck zu bringen, dass *Sampoorna* ein höchst kunstvolles und tief bedeutsames Werk war, dargeboten mit einem Ausmaß an Anmut und Gewandtheit, wie man es nur von künstlerischen Leistungen der höchsten Stufe erwarten kann. Sie versteht einiges vom Tanzen, also hat sie vermutlich Recht. Auf jeden Fall verstanden Shahnaj und Dhiman viele der Feinheiten des Stücks und wussten sie zu schätzen. Sie genossen es von Anfang bis Ende.

Das einzige Problem für mich war die Länge des Stücks.

Es dauerte ungefähr ein Jahr, plus/minus ein paar Monate. Eine alberne Übertreibung, sicher. In Wirklichkeit dauerte es eine Stunde und zwanzig Minuten, was zufällig genau der Zeit entspricht, die der Zug von unserem Bahnhof in Polegate zum nächstgelegenen Londoner Bahnhof braucht. In mancher Hinsicht hat diese Zugstrecke, an der ich jeden

Grashalm kenne, deutliche Parallelen zu meinem Erlebnis mit *Sampoorna.*

Wie üblich schlief ich kurz nach der Kreuzung bei Berwick fest ein, erwachte abrupt in Haywards Heath, wo ich mich fragte, wie es möglich war, dass wir in einer scheinbar so langen Zeit nur eine so kurze Strecke zurückgelegt hatten, widerstand der Versuchung, zur Toilette zu gehen, als wir den Bahnhof Gatwick verließen, fand die Strecke von East Croydon nach Clapham Junction zermürbend unendlich und erreichte meinen Zielort mit tiefen Ringen unter den Augen und völlig kreuzlahm vom langen Sitzen. Mein einziger Trost war, dass ich diesmal nicht wieder zurück musste.

Wie gesagt, ich bin sicher, dass es eine meisterhafte Aufführung war. Ja, ja, ganz sicher, der Fehler lag bei mir. Das akzeptiere ich. Vielleicht hätte es geholfen, wenn ich die Symbolik ein bisschen besser verstanden hätte. *Sampoorna* enthielt jede Menge Symbolik. Das Stück war durchsetzt von Symbolik. Es bestand eigentlich fast nur aus Symbolik. Aber wie die Dinge lagen, fiel meine Reaktion auf das Wenige, das ich mitbekam, wenn sozusagen der Zug an einem Bahnhof hielt, leider ziemlich trivial oder belanglos aus.

Die eingestreuten Passagen einer englischen Erzählung zum Beispiel wurden in einem Tonfall vorgetragen, der mich geradezu erschreckend an den von Mystic Meg erinnerte, einer Wahrsagerin, die in einer samstäglichen Lotteriesendung im britischen Fernsehen auftritt. Eine zweite wichtige Beobachtung war, dass die Tänzerin der weiblichen Hauptrolle, vermutlich die berühmte Sharmila Biswas höchstpersönlich, so gebaut zu sein schien, dass sich die obere Hälfte ihres Körpers seitwärts und unabhängig von der unteren Hälfte bewegen konnte. Es gibt Puppen, bei denen das auch geht, aber ich glaube, dazu muss man sie an der Hüfte erst auseinander schrauben.

Und dann die Männer. Sie hatten kaum Ähnlichkeit mit der traditionellen westlichen Vorstellung von einem männlichen Tänzer. Statt schlank und muskulös, ohne ein Gramm überflüssiges Fett am Leib, neigten sie zur – wie soll ich sagen – Fassförmigkeit. Dazu kam, dass sie mit ihren beim Tanzen gebeugten Beinen und ihren rechtwinklig abgewinkelten Ellbogen und Handgelenken auf der Bühne ein Bild abgaben, das ein unverkennbar teekannenähnliches Element an sich hatte. Ich bin versucht, zu sagen, dass sie für das Publikum ihr Innerstes ausgossen, aber – ach was, jetzt habe ich es gesagt.

Das Ende der Aufführung wurde mit tosendem Applaus quittiert, sicherlich ganz und gar verdientermaßen. Der Applaus war sogar so laut und anhaltend, dass ich davon erwachte und begeistert einstimmte, ungemein erleichtert, endlich in die Victoria Station einzufahren. Als ich die Reihe der anderen entlangspähte, verrieten mir ihre begeisterten Gesichter, dass sie während der ganzen Reise – Aufführung, meine ich natürlich – putzmunter gewesen waren.

Bevor Dhiman Shahnaj, die immer noch strahlte wie ein neugeborener Stern, zurück nach Hause in die Slums brachte, setzte er uns beim *Far Pavilions* ab. Eines blieb noch zu tun.

„Hier“, sagte ich zu ihm und drückte ihm einen 500-Taka-Schein in die Hand, „besorgen Sie ihr auf dem Heimweg noch etwas Vernünftiges zu essen, ja?“

„O-o-oh ja“, erwiderte er voll unerschütterlichen Selbstbewusstseins. „Ich kümmere mich darum, keine Sorge.“

Am nächsten Tag erkundigte ich mich bei Dhiman nach dem Heimweg. „Shahnaj hat doch noch etwas gegessen, oder?“

„Oh ja, sie hat etwas gegessen.“

„Prima! Was denn?“

„Na ja“, sagte der Hüne von einem Mann verlegen, während er mir das Wechselgeld von meinen fünfhundert Takas zurückgab, „sie wollte noch einmal *Misty Doy*.“

Auf bis eins

B: Natürlich wurde mir während jenes wundervollen Abends klar, wie unnötig meine Sorgen gewesen waren, besonders zumal wir gar nicht dazu kamen, noch einmal in unser Hotel zu gehen. Doch zwei Dinge, die sich später ereigneten, bestätigten mir noch einmal, wie dumm ich gewesen war, als ich dieses Kind davon abhalten wollte, so ganz und gar wirklich und lebendig zu sein, wie es zweifellos ist.

Das erste Ereignis war, als wir von Dhiman von der zweiten Portion *Misty Doy* erfuhren. So viel zum Thema „anständige Mahlzeit“!

Das zweite Ereignis kam, als wir uns das nächste Mal mit der Familie trafen.

„Hat es ihr Spaß gemacht?“, fragte ich Noor Jahan. „Die Tanzaufführung meine ich, hat sie ihr Spaß gemacht?“

Obwohl ich inzwischen wusste, dass meine Sorge, wie sie dieses Erlebnis verarbeiten würde, unbegründet gewesen war, machte ich mir wohl immer noch Gedanken darüber, wie sie damit zurechtkam, gesehen zu haben, wie viel heller die Welt da draußen ist.

„Oh ja“, kam die etwas trockene Antwort, „sie hat ihr so viel Spaß gemacht, dass sie bis ein Uhr morgens davon erzählen musste. Keiner von uns durfte schlafen gehen, bevor sie uns nicht jede Einzelheit geschildert hatte!“

Ich setzte dazu an, mich dafür zu entschuldigen, dass sie nichts Richtiges gegessen hatte und dass sie alle wach gehalten hatte, doch irgendetwas in meinem Auge hielt mich davon ab. Ich spürte, wie der letzte Schleier von meinem Herzen fortgezogen wurde und für immer davonwehte.

Ich erinnere mich noch lebhaft an das erste Mal, als ich mit der Familie einer Freundin einen Tag lang nach London fuhr. Damals war ich genauso alt gewesen wie Shahnaj. Das Aufregende daran war unter anderem der Gedanke, wie ich allen davon erzählen würde, wenn ich wieder zu Hause war. Ein wesentlicher Bestandteil meines Glücksgefühls war der, alle wach zu halten, bis auch sie jeden Höhepunkt meines Tages in London miterlebt hatten. Der Anblick des prachtvollen Lebens in London hatte mich nicht unzufrieden mit meinem vergleichsweise ereignislosen Leben werden lassen, genauso wenig, wie ein Abend unter den Reichen und Schönen Shahnaj beeinträchtigt hatte. Was war ich doch für ein Mondkalb gewesen! Dieser besondere Tag in meiner Kindheit hatte mir eine winzige Kostprobe von Würze gegeben, und das bedeutete, dass ich eines Tages danach streben würde, meinem Leben mehr Geschmack zu verleihen.

Vielleicht wird Shahnajs besonderer Abend eines Tages ihr Leben auf dieselbe Weise bereichern. Ich hoffe es sehr.

Die Probleme der Bildermacher

Eine gewisse Samtjacke …

B: „Das Problem ist, dass sie alle ziemlich gut aussehen, nicht wahr – ich meine, sie sehen viel zu gut gekleidet aus."

Adrians Stimme hörte sich ein bisschen besorgt an, als er über meine Schulter hinweg die Abzüge betrachtete, die ich gerade aus dem Fotogeschäft um die Ecke vom Hotel geholt hatte. Ich verstand seine leise Befürchtung. Während der letzten Tage hatten wir Armut in extremem und zum Teil erschreckendem Ausmaß zu sehen bekommen. Doch auf meinen Bildern sahen wir Shahnaj schick in Samt, ihren Bruder Rajip frisch gewaschen und gekämmt, Simon mit ihrer natürlichen Eleganz und Sumon selbstbewusst und cool in Hemd und eigentümlich glänzenden Hosen. Sie sahen gut aus. Dasselbe galt für die Kinder, die wir in der Schule gefilmt hatten, und für die Frauen, denen wir in den verschiedenen Gruppen begegnet waren.

Nun, natürlich sahen sie gut aus. Sie wussten ja, dass sie ins Fernsehen kommen sollten! Was würden Sie denn tun, wenn Sie hörten, dass ein Filmteam zu Ihnen nach Hause oder in die Schule Ihrer Kinder kommt? Würden Sie zusehen, dass jeder seine schmutzigsten, zerknittertsten Sachen anzieht, und die Kinder mit verklebten Haaren und verschmierten Gesichtern losschicken? Würden Sie selbst in Ihren ältesten Klamotten erscheinen? Natürlich nicht. Rajip war vermutlich unter Protest abgeschrubbt worden, wie jeder andere Junge unter zehn, den ich je kennen gelernt habe. Simon wird sich von ihrer Mutter deren besten Schal ausgeliehen haben, und was Shahnaj und ihre Samtjacke angeht – nun, dazu komme ich später.

Wohin wir auch kamen, hatten sich die Frauen enorm ins Zeug gelegt, um so gut auszusehen, wie sie nur konnten, und es war eine Freude, sie zu sehen. Aber für die Bildermacher in den Ländern, wo Gelder gesammelt werden, um diese wichtige Arbeit fortsetzen zu können, entsteht dadurch natürlich ein Problem.

„All unsere Untersuchungen zeigen, dass schmutzige Kinder mit großen Augen sich gut verkaufen“, erzählte uns ein Bekannter, der in der Öffentlichkeitsarbeit für das Patenschaftsprogramm von World Vision in England tätig ist. „Natürlich wollen die Leute ihr sauer verdientes Geld nicht an Menschen verschenken, die es offenbar gar nicht so dringend nötig haben, auch wenn ihr wisst und ich weiß, dass sie es natürlich brauchen.“

Ein anschauliches Beispiel für dieses Problem war die Sache mit der erwähnten Samtjacke. Als ich Minuten vor unserer Abreise nach Bangladesch durch unser Haus jagte, fiel mein Blick auf einen Stapel Kleidungsstücke, aus denen Kate kürzlich herausgewachsen war und die ich zu unserer Sammelstelle bringen wollte, wo sie zugunsten von Dritte-Welt-Projekten verkauft werden sollten. Ganz oben auf dem Stapel lag eine heiß geliebte Jacke, bei der Kate nur sehr widerstrebend zu dem Schluss gekommen war, dass sie nun endgültig zu klein sei. Die Ironie dieser Situation entging mir nicht und ich folgte dem Impuls und stopfte die Jacke in meine bereits prall gefüllte Tasche mit kleinen Geschenken.

„Man weiß nie“, murmelte ich vor mich hin. „Vielleicht passt sie ja. Außerdem habe ich noch nichts für sie, was von Kate stammt.“

Der Gedanke gefiel mir, aber ich hätte nie geahnt, mit welch ehrfürchtigem Staunen Shahnaj ihr Geschenk aus zweiter Hand nahm und streichelte. Als wir am Montagmorgen kamen, trug sie ein traditionelles Kleid, in dem sie sehr hübsch aussah. Unsere Kameraleute machten zufriedene Gesichter. Wenig später verschwand sie, und als sie wieder auftauchte, sogen die Filmleute beinahe hörbar die Luft ein, denn unser kleiner Star trug nun seine neue Jacke und ein Paar Jeans, das sie sich vermutlich von ihrem Bruder ausgeliehen hatte. In Bangladesch tragen Mädchen niemals Jeans, aber Shahnaj wusste, dass sie jetzt genauso aussah wie die Mädchen aus dem Westen auf den Bildern, die sie gesehen hatte. Und sie sah auch wirklich toll darin aus – aber auch ziemlich unpassend. Selbst mir entging das nicht. Dennoch hätte ich heulen können, als ich sah, wie sich ihr Gesicht verknitterte, als man ihr in etwas barschem Ton befahl, sich umziehen zu gehen. Ich konnte es den Filmleuten nicht verdenken. Zeit war Geld und von beidem hatten wir nichts zu verschwenden. Etwa vier Minuten später tauchte sie in ihrer Schuluniform wieder auf und nun galt mein Mitgefühl ihrer Mutter, die mit verlegener Miene hinter ihr stand.

Das Kleid war nicht sauber

Es hatte große Ähnlichkeit mit Kleidungsstücken, die zum Boden meines Wäschebehälters hinabsinken und dort auch bleiben, weil ich der Meinung bin, dass sie in nächster Zeit nicht gebraucht werden. Sicherlich hatte sich Shahnajs Mutter nicht vorgestellt, dass man ihre Tochter so fotografieren würde. Aber ich wusste auch, dass dies eigentlich ein wirklichkeitsgetreueres Bild abgab von dem Kampf dieser Leute, die Oberhand über die schmutzigen Zustände in den Slums zu gewinnen, bei dem ihnen als einzige Hilfsmittel für die Reinlichkeit das kalte Wasser aus der Schwengelpumpe und der Trockenplatz auf dem rostigen Blechdach ihres Hauses zur Verfügung standen. Bilder von diesem hübschen Frechdachs im zerknitterten blauen Kleid boten einen viel besseren Anreiz für Leute im Westen, für diese bedürftigen Kinder zu spenden.

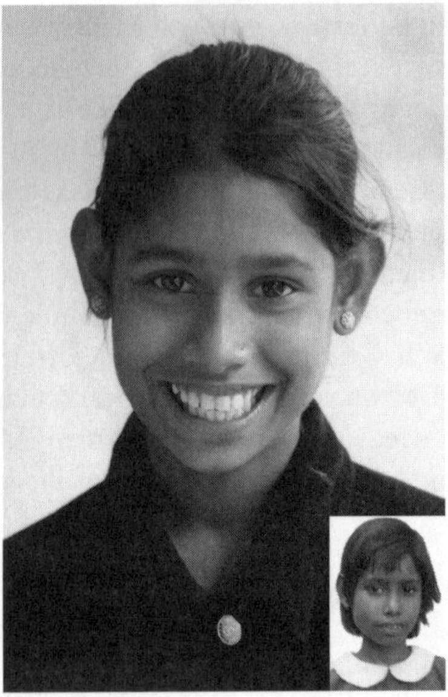

Shahnaj ließ sich jedoch nicht lange unterkriegen: Noch zweimal während des Tages verschwand sie und tauchte hoffnungsvoll mit ihrer Jacke und den Jeans wieder auf, sehr zum Gelächter der Crew, die sie jedes Mal im Chor wieder wegschickte, damit sie ihre Schuluniform wieder anzog, was sie mit zunehmender Gutmütigkeit tat. Aber als es abends mit uns ins Theater ging, behielt sie die Jacke an!

A: Nun, es war eigentlich kein unsichtbarer Fernseher, aber wir mussten so tun, als wäre er nicht da, aus demselben Grund, aus dem Shahnaj sich nicht in ihren schicken westlichen Sachen filmen lassen durfte. Denn es ist ja so, dass man bei armen Leuten eigentlich nicht damit rechnet, dass sie so etwas wie einen Fernseher haben. Offenbar wirkt sich jedes Anzeichen solchen „Wohlstandes“ sehr bremsend auf potenzielle Spender für Dritte-Welt-Projekte aus.

Ist es vielleicht denkbar, dass Mitleid und Macht eine unheilvolle Verbindung eingehen, wenn es ums Spenden geht?

Ich kenne die Antwort auf diese etwas beunruhigende Frage nicht. Was ich weiß, ist, dass Shahnajs Familie tatsächlich einen winzigen, leicht angeschlagen aussehenden Schwarzweiß-Fernseher besitzt und die Kinder angewiesen werden müssen, ihn abzuschalten, wenn Besuch kommt, genau wie die Kinder in unserem Land. Außerdem weiß ich, weil es der besagte Werbefachmann uns nach unserer Rückkehr verriet, dass Fernseher schlecht fürs Geschäft sind, wenn es darum geht, öffentlich für die Übernahme von Patenschaften für Kinder zu werben. Deshalb ist es besser, nichts davon zu erwähnen.

Ob das wirklich stimmt?

Ist die Mehrzahl der Leute wirklich einer Meinung mit Margaret Thatcher, die einmal öffentlich die Auffassung äußerte, die Armen seien nur deshalb arm, weil sie zuviel Geld für Zigaretten und Bier ausgäben? (Um fair zu sein, sie widerrief das gleich am nächsten Tag, aber diesmal sprach sie aus ihrem politischen Verstand heraus, nicht aus ihrem Herzen.)

Warum sollte Shahnajs Familie keinen Fernseher haben? Ihr älterer Bruder arbeitet in einem Elektrogeschäft. Vermutlich hat er ihn billig oder umsonst bekommen. Glück gehabt. Warum sollten sie nicht alles Erreichbare haben, das ihnen ihre zermürbend entbehrungsreiche Situation, in der sie Tag für Tag leben und sich behaupten müssen, ein wenig erleichtert?

Nun, was immer andere Leute davon halten mögen, sie haben eben einen. Hält Sie der Gedanke, dass die Familie des Kindes in ihrer vier Quadratmeter großen Baracke in einem stinkenden Slum in Dhaka, wo der Vater für ein Pfund pro Tag zwölf Stunden pro Tag und sieben Tage in der Woche arbeitet, einen Fernseher, ein Radio, einen Deckenventilator oder eine Glühbirne besitzen könnte, von einer Patenschaft ab? Also mich nicht.

Chittagong

Der Zug

B: In den Tagen seit unserer Rückkehr aus Tuital hatte ein einziger Gedanke unter all dem Durcheinander von Ideen und Gedanken, die sich in meinem Kopf um die besten Plätze rangelten, beharrlich nach Aufmerksamkeit verlangt. Es war ein schlichter Gedanke, aber er ließ sich nicht abschütteln. Und dieser Gedanke war folgender:

Ich wollte nicht am Dienstagmorgen mit dem Bus von Dhaka nach Chittagong fahren. Denn was ich im *Dhaka Independent* gelesen hatte, hatte mir gar nicht gefallen.

Todesopfer auf den Straßen

Verkehrsunfälle forderten in den letzten Tagen in verschiedenen Teilen des Landes etwa 27 Menschenleben. Unter den Unfällen waren überladene Busse, die von der Straße abkamen und in Gräben landeten, Züge, die mit Lastwagen und Auto-Rikschas zusammenprallten, Busse, die Pkws und Auto-Tempos rammten sowie Fahrzeuge, die mit überhöhter Geschwindigkeit Fußgänger überfuhren. Unter den erwähnten Unglücksfällen zogen Busse, die in Gräben stürzten, die meisten Todesopfer nach sich. Bei einem dieser Unfälle starben zwölf Menschen, als der völlig überfüllte Bus auf der Fahrt von Bogra nach Dhaka abstürzte, nachdem der Fahrer die Kontrolle über das Fahrzeug verloren hatte. … Zeugen beobachteten, dass der Bus bis zum Bersten gefüllt war und sich selbst auf dem Dach Passagiere drängten. Dieser Anblick ist nichts Ungewöhnliches. Die Übertretung von

Verkehrsregeln durch die Busfahrer ist eher die Regel als die Ausnahme. In letzter Zeit sind Todesfälle bei Verkehrsunfällen so häufig geworden, dass die Leute allmählich dagegen abstumpfen. Dhaka Independent, *Dienstag, 18. Januar 2000*

Auch das, was ich selbst auf den Landstraßen beobachtet hatte, war nicht gerade ermutigend gewesen. Ich traute keinem Fahrer – mit Ausnahme von Dhiman – über den Weg und mir war deutlich bewusst, wie unverantwortlich es wäre, das Risiko einzugehen, unsere geliebten Kinder zu Waisen zu machen und bei einem dieser Unfälle tödlich verletzt zu werden. Da ich nicht gerne Umstände mache, zögerte ich, meine wachsende Besorgnis zum Ausdruck zu bringen, doch zum Glück war Adrian meiner Meinung, und auch Sujit war sofort dafür aufgeschlossen. Also änderten wir unseren Plan. Wir würden mit dem Zug hinreisen und mit dem Flugzeug zurückkehren.

Unser Zug sollte sehr früh am Morgen abfahren. Als wir durch die ungewöhnlich stillen Straßen glitten, erlebten wir ein Dhaka, das ganz anders war als die hektische, im Verkehr erstickende Stadt, an die wir uns allmählich gewöhnt hatten. Überall erwachte gerade erst das Leben. Karren, beladen mit schläfrigen, schweigsamen Frauen und Kindern auf dem Weg zur Arbeit, rollten langsam an uns vorbei. Kleine Abfallfeuer brannten in den Gossen, umringt von Straßenbewohnern, die sich nach der kalten Nacht, die sie unter Plastiktüten verbracht hatten, ein wenig aufwärmen wollten. Fensterläden wurden geöffnet und Straßenstände aufgebaut. In der Nähe des Bahnhofs nahm der Betrieb plötzlich zu und ich registrierte traurig, dass auch für die Bettler die Frühschicht beim ersten Tageslicht begann. Sie waren überall und präsentierten ihre diversen Verstümmelungen wie käufliche Waren. Als wir aus dem Wagen stiegen, versuchten sich mehrere Kinder für uns als Gepäckträger zu betätigen, während eine junge Mutter mir ihr blindes Baby wenige Zentimeter vors Gesicht hielt. Ich gestehe mit einiger Scham, dass ich froh war, dass Fahrkarten erster Klasse in unseren Spesen inbegriffen waren. Das wäre Ihnen vielleicht auch nicht anders gegangen, wenn Sie den folgenden Artikel gelesen hätten, der aus einer Zeitung stammt, die ich mir als Reiselektüre gekauft hatte:

**Reisen per Bahn gefährlich,
Passagiere leiden**

Passagiere auf verschiedenen Bahnstrecken im Distrikt hatten in letzter Zeit unter der mangelhaften Ausstattung der Züge zu leiden. Die Gleise, die noch während der britischen Herrschaft verlegt wurden, sind seither nicht erneuert worden. ... Durch die ständige Nutzung sind die Gleise erodiert ... und in vielen Gebieten sind die Kieselsteine, die nötig sind, um die Gleise genau in Position zu halten, nicht zu finden. Die meisten Züge haben ein bis zwei Stunden Verspätung. ... Viele Passagiere müssen unter Lebensgefahr auf dem Dach oder auf dem Trittbrett reisen.

Passagiere klagen darüber, dass regelmäßig Sicherheitskräfte ... gute Abteile für sich in Anspruch nehmen, während ihnen nur minderwertige Abteile bleiben. Bahnangestellte besetzen die Sitzplätze und verdienen sich zusätzliches Geld, indem sie besetzte Plätze zu hohen Preisen an die Passagiere verkaufen.

Fast alle Abteile sind ohne Licht, Wasser, Ventilatoren, Türen oder Fenster, was das Reisen für die Passagiere sehr beschwerlich macht.

Die Abteile stinken vor Abfällen ... die von Passagieren zurückgelassen werden.

Manche Passagiere transportieren Güter wie Kleidung, Bündel und Körbe mit Gemüse, Milchkannen, rohe und gebratene Fische … was zu weiteren Unannehmlichkeiten führt.

Bettler, die von Abteil zu Abteil ziehen, machen Probleme.

Den Bahngesellschaften entstehen hohe Verluste durch Passagiere, die ohne Fahrschein reisen. Selbst die Kontrolleure leisten dem Reisen ohne Fahrschein Vorschub, indem sie von den betreffenden Passagieren Geld annehmen. Dadurch stehen für die zahlenden Passagiere nicht genug Plätze zur Verfügung, was zu weiteren Unannehmlichkeiten führt.

Dhaka Independent, *Dienstag, 18. Januar 2000*

Auf dem Weg zum vorderen Ende des Zuges sahen wir, dass die Waggons der zweiten Klasse bereits zum Bersten voll waren, während immer noch Leute auf die Dächer kletterten. Unser Waggon entpuppte sich als Überbleibsel aus der Ära des frühen britischen Kinos, komplett mit braunen Ledersitzen und altertümlichen Metallventilatoren an der Decke, die beruhigend surrten, als wir sie einschalteten.

Als der Zug sich in Fahrt setzte, kamen wir an den ärmlichsten Wohnplätzen von allen vorbei. Plastiktüten, bedeckt mit Sackleinen, waren auf der flachen Böschung ausgebreitet, und auf den nicht mehr genutzten Gleisen oder auf dem taufeuchten Gras waren Kochtöpfe und Matratzenbündel zum Lüften ausgelegt. Hier und da war eine abgemagerte Ziege an einem Mast angebunden.

Am meisten nahe ging mir der Anblick einer Reihe winziger Grundstücke, die ein Flickenmuster am Rande der Bahnlinie bildeten. Auf jedem davon wurde etwas anderes angebaut. Mal Kohlköpfe, mal Blumenkohl oder Bohnen, selbst Fleißige Lieschen, vermutlich für den Verkauf auf den Straßen gedacht, um ein bisschen Reis kaufen zu können.

Allmählich erreichten wir die Barackenstadt, die seit der Überschwemmungen von 1998 am Stadtrand entstanden war. Schwankend auf wackeligen Stelzen, zum Teil nur aus mit Stoff bespannten Bambusrahmen erbaut, hatten diese Unterkünfte die Stabilität schlecht gebauter Kartenhäuser. Die Leute, die darin wohnten, waren zu arm, um auch nur die paar Takas aufzubringen, um sich ein Haus in den Slums zu mieten. Der Schmutz, die Abfallhaufen, der erschreckende Mangel an Kleidung, die schmutzverkrustete Haut der Kinder, bedeckt mit offenen Wunden, all das rief bei mir Entsetzen hervor, und ich klammerte mich verzweifelt an die Hoffnung, dass irgendetwas getan würde, um diese krassesten Erscheinungen der Armut zu beseitigen.

Auf meine Frage hin, ob hier auch ein Projekt installiert sei, blickte Sujit von seiner Zeitung auf und schüttelte traurig den Kopf. „Wie Sie wissen, Bridget, arbeiten wir mit den unteren zehn Prozent der Bevölkerung, aber wir tragen auch Verantwortung für das Geld, das uns anvertraut wird. Wir können es nicht in einer so flüchtigen Bevölkerung versenken. Diese Leute sind ständig in Bewegung. Ein Projekt hier wäre einfach …"

„… nicht durchführbar", beendete ich seinen Satz.

Ich verstand. Und doch brannte in mir die Verzweiflung um jene, die unter alle Prozentsätze absinken, die in den Augen ihrer Landsleute einfach nicht existieren.

Sujit schien meine Gedanken zu lesen. „Die Sache ist die, Bridget", fuhr er fort, „dass wir nicht die Auswahl treffen, wem geholfen wird. Die Leute erkennen selbst, dass sie Hilfe brauchen, und wenden sich an uns. Vielleicht haben sie von unserer Arbeit in einem benachbarten Gebiet gehört. Wenn die Leute auf uns zukommen, schicken wir jemanden in ihre Gegend, um ihnen zu helfen, ihre Bedürfnisse zu erkennen. Vielleicht halten sie eine Versammlung ab, auf der sie Papier nehmen und die Dinge aufzeichnen, von denen sie meinen, dass sie für ihre Gegend am wichtigsten seien. Vielleicht finden sie es durch Diskussionen heraus. Dann verpflichten sie sich, uns zu unterstützen, wenn wir ihren Plan in die Praxis umsetzen, und bei der Stange zu bleiben, bis sie in der Lage sind, allein weiterzumachen. Diese Barackenstädte sind zu nomadisch und nicht organisiert genug, um effektiv an einem langfristigen Projekt teilnehmen zu können."

Trotz meiner aufgewühlten Emotionen wollte ich noch mehr wissen. „Wer wählt denn dann aus, für welche Kinder Patenschaften gemacht werden?", fragte ich. „Läuft das nach Zufallsprinzip, so wie wenn man einen Namen aus dem Hut zieht?"

„Nein, so ist es überhaupt nicht. Die führenden Leute in den jeweiligen Kommunen wählen die Kinder aus, deren Familien bereit sind, sich für das langfristige Gelingen des Programms zu engagieren. Denn Sie müssen wissen, dass für die Familie beträchtliche Opfer damit verbunden sind."

„Opfer?"

„Oh ja. Sehen Sie, die traditionelle Denkweise hier ist, dass Kinder geboren werden, um so bald wie möglich der Familie ein zusätzliches Einkommen einzubringen. Ist Ihnen noch nicht der Gedanke gekommen, dass Shahnaj, wenn sie ihre Schulbildung fortsetzt, viele Jahre lang nicht in der Lage sein wird, zum Familieneinkommen beizutragen, und dass das manche Härten mit sich bringt?"

Nein, der Gedanke war mir noch nicht gekommen. Ich dachte an Shahnaj. Und an Simon, die an einem sechsmonatigen Nähkurs teilnahm, damit sie später eine richtige Stelle bekommen konnte. Von dieser Familie konnte ich einiges über aufgeschobene Befriedigung lernen. Mir fiel ein, wie verwirrt ich gewesen war, als ich von meinem Besuch bei der Spielzeugherstellungsgruppe zurückkehrte, an der Simon teilnahm, und ich sie dann zu Hause dabei antraf, wie sie fieberhaft ihrer Mutter half, die Quote an kleinen braunen Papiertüten fertig zu stellen. Erst hinterher zählte ich zwei und zwei zusammen. Noor Jahan hatte einen Tag Arbeit geopfert, um für uns als Gastgeberin da zu sein, und nun versuchte sie gehetzt, die Zeit wieder aufzuholen.

Bisher hatte ich gar nicht richtig verstanden, wie das mit den Patenschaften lief. Ich hatte gedacht, die Idee bestehe darin, dass Leute wie wir etwas spenden und Leute wie sie den Nutzen daraus ziehen. Jetzt erkannte ich, dass es eher eine Art Abmachung zwischen mehreren verschiedenen Beteiligten war, die sich alle verpflichteten, an einem langfristigen Plan mitzuarbeiten, um eine Familie und eine Kommune zu unterstützen. Dazu gehörten zum Beispiel Leute wie wir. Wir stellten die Mittel zur Verfügung. Doch dann gehörten auch die Leute von World Vision in Milton Keynes dazu, die uns Informationen lieferten, Gelder sammelten und dafür sorgten, dass unser Geld und unsere Geschenke sicher an ihrem Ziel ankamen. Dann kamen die Verantwortlichen in Dhaka, denen die Aufgabe zufiel, sicherzustellen, dass unser Geld für einen durchführbaren Plan sinnvoll verwendet wurde. Sie wählten die richtigen Leute aus, um das Projekt zu leiten, und stellten ihr Fachwissen und ihre Betreuung zur Verfügung. Dann kamen die Projektleiter vor Ort, Leute wie Joanna und Brownson, die es übernahmen, die Programme Tag für Tag durchzuführen.

Und zum Schluss, wenn auch keineswegs in der Bedeutung, kamen die Eltern der ausgewählten Kinder. In unserem Fall war das Noor Jahan, die dafür sorgen musste, dass Shahnaj und Rajip in die Schule gingen und alle Möglichkeiten nutzten, die ihnen geboten wurden. Ihr überarbeiteter Mann musste akzeptieren, dass seine Kinder für unabsehbare Zeit völlig von seinem Einkommen abhängig bleiben würden.

Sujit hatte sich wieder seinem *Independent* zugewandt und war darüber eingenickt. Die Geräusche seines sonoren Schnarchens und der lauten, auf Bangla gesungenen Lieder, die aus den Lautsprechern plärrten, erzeugten einen bizarren Soundtrack zu den Bildern der immer grüner werdenden Landschaft, die ich durch das Fenster an mir vorbeiziehen sah. Ich war froh, dass ich darauf bestanden hatte, mit dem Zug zu reisen. Ich wäre wohl kaum dazu gekommen, so viele Dinge zu durchdenken, wenn ich bei jedem Bus, der uns entgegenkam, mit dem sicheren Tod hätte rechnen müssen!

Wir durchfuhren eine grüne, warme Landschaft, in der verstreut relativ wohlhabende landwirtschaftliche Kommunen lagen, komplett mit Heuhaufen, Geflügel, wiederkäuenden Kühen und spielenden Kindern. All das half, die wirtschaftliche Stabilität des Landes in die richtige Perspektive zu rücken, und ich konnte mich entspannen und mich an meiner Umgebung erfreuen. Jetzt konnte ich auch endlich das Rätsel der Pflasterplatten lösen, die mich so fasziniert hatten, als ich sie vom Flugzeug aus gesehen hatte.

Sie hatten alle mit Reis zu tun. Für den Anbau des Hauptnahrungsmittels in Bangladesch schienen mehrere wichtige Phasen erforderlich zu sein, und da wir während der trockenen Wachstumszeit dort waren, konnten wir sie alle beobachten.

Zuerst kommt die Phase, in der die Pflanzen zu Sämlingen herangezogen werden. Dies geschieht auf kleinen, quadratischen Feldern, die mit Ochsen gepflügt waren und über an den Rändern ausgehobene Gräben bewässert werden. Wenn die Sämlinge ungefähr zwanzig Zentimeter hoch sind und anfangen, sich gelb zu verfärben, werden sie gezogen und zu kleinen Bündeln zusammengebunden. Die Felder liegen nun brach, und da sie nicht mehr bewässert werden, verwandeln sie sich in Quadrate aus festgebackener Erde – meine Pflasterplatten.

Nun müssen die Sämlinge auf den eigentlichen Reisfeldern eingepflanzt werden. Der Anblick von Männern, Frauen und Kindern, die mit bis zur Hüfte emporgerafften Kleidern bis zu den Waden im Wasser standen, die Bündel in der Hand, und sorgfältig einen Sämling nach dem anderen in erstaunlich geraden Reihen in den Schlamm steckten, begleitete uns auf unserer Reise ständig.

Andernorts sahen wir Felder, die schon das nächste Stadium erreicht hatten und auf denen die jetzt fest verwurzelten Pflanzen gerade und grün hoch aufragten und bereit zur Ernte waren. Die primitiven Bewässerungsanlagen aus Rohren, die mit Juteschnüren verbunden sind und das Wasser von den Flüssen zu den Feldern bringen, erinnern an die Tatsache, dass Wasser für die Leute von Bangladesch immer ein Problem ist. Während der Trockenzeit, in der wir uns jetzt befanden, fällt überhaupt kein Regen, doch gleichzeitig ist dies die einzige kurze Wachstumszeit, die es gibt. Deshalb ist es entscheidend, das Wasser vom Fluss zum Feld zu bringen, wie schwierig sich das auch immer gestalten mag. Wenn erst der Regen kommt, hört er für mehrere Monate nicht wieder auf. Wenn dann die Ernte nicht eingebracht ist, wird sie vernichtet. Zu alledem kommt noch die ständige Gefahr von Überschwemmungen und Wirbelstürmen. Es schien mir nicht ganz fair.

Endlich erreichten wir den Bahnhof von Chittagong, wo uns Liaquat Ali abholte, ein Muslim, der für die Arbeit von World Vision in Bakulia verantwortlich war, einem riesigen Elendsviertel am Rande der Stadt. Morgen würden wir dort verschiedene Projekte besichtigen, doch nun waren erst einmal Essen und Schlafen an der Reihe. Ich machte es mir auf dem Rücksitz des Vans bequem und hörte zu, wie Adrian versuchte, mit unserem neuen Gastgeber in ein sinnvolles Gespräch zu kommen.

Liaquat: „Ich mag Hügelareal sehr gern."

Adrian: (macht auf Herzog von Edinburgh, hört sich aber ziemlich ratlos an) „Ach ja, Sie mögen Higelarial sehr gern, ja?" *(denkt offensichtlich, das sei eine Band aus Bangladesch)*

Bridget: (zischt ihm ins Ohr) „‚Hügelareal', du Trottel!"

Adrian: „Ach ja, Sie mögen Hügelareal sehr gerne, ja?"

Liaquat: (der verständlicherweise inzwischen denkt, dass sein Besucher ein klein wenig schwer von Begriff ist) „Äh, ja. Ja, ich mag es sehr gern."

(Schweigen, während Adrian in seinem Sitz versinkt. Manchmal hat es seine Vorteile, wenn man hinten sitzt.)

Das Monster von Chittagong

A: Unsere Unterkunft in Chittagong gehörte zur Christchurch, dem Zentrum der örtlichen anglikanischen Gemeinde. Hoch über der Stadt gelegen, war auf dem von üppigen Gärten umgebenen Gebäude im Kolonialstil eine Aura vergangener Pracht, die es weit über seine moderne Funktion als Gästehaus hinaushoben. Die Luft dort oben war mild und rein. Ich schlief hervorragend. Bridget nicht.

Gerade als ich am Mittwochmorgen aus der Dusche stieg, hielt ich mitten im Abtrocknen inne, als mir plötzlich eine kleine Tür ohne Klinke auffiel, die sich an der hinteren Wand des Badezimmers befand. Neugierig wie immer, schlang ich mir ein Handtuch um die Hüften (nur für den Fall, dass mir ein aufregendes, neunzigminütiges Walt-Disney-Abenteuer bevorstand) und machte mich daran, die Tür zu öffnen, indem ich meinen Plastikkamm in den Spalt zwischen der Türkante und der Wand schob. Dann bückte ich mich und spähte vorsichtig in das dunkle, staubige Innere. Vermutlich war es einmal eine Art Abstellkammer gewesen. Zuerst konnte ich nichts sehen. Dann, als sich meine Augen an die Dunkelheit gewöhnten, erblickte ich es – das Monster von Chittagong. Reglos und drohend kauerte es in der hintersten Ecke der Kammer und erwiderte starr meinen Blick.

Es war die größte Spinne, die ich je in meinem Leben gesehen hatte. Der Leib dieser Furcht erregenden Kreatur hing weich und dick wie ein Sack in der Mitte eines bindfadendicken Netzes und ihre Beine, die jetzt bei der Aussicht auf einen extrafetten Brocken für die Speisekammer hungrig zuckten, schienen sich endlos in alle Richtungen zu erstrecken.

Nun habe ich im Allgemeinen mit Spinnen kein Problem. Sie machen mir eigentlich nichts aus. Sicher, mit dieser hier hätte ich mich nicht unbedingt anlegen wollen. Dies war eindeutig eine Arachnoide, der man besser aus dem Weg ging. Aber schließlich brauchte ich für meinen Seelenfrieden ja nur die Kammertür vor meinem neuen Freund zu schließen, und damit hatte es sich. Aus den Augen, aus dem Sinn.

Bridget hingegen kann selbst die winzigsten aller winzigen Spinnen nicht ertragen. Sie lassen ihr die Haare zu Berge stehen. Schon ein kurzer Blick auf das Riesenvieh in jener Kammer, und sie würde zweifellos in heillose Panik geraten. Natürlich bestand die Möglichkeit, ihr einfach nichts von meinem Fund zu erzählen. Dann könnte sie das Badezimmer in Ruhe benutzen, ohne zu fürchten, dass jeden Moment die Bestie von Chittagong durch die Tür ihres Unterschlupfes stürmen und acht haarige Arme um sie schlingen würde, während sie unter der Dusche stand oder in der Badewanne saß. Diese Möglichkeit zog ich in Betracht, aber wissen Sie, am Ende zwang mich mein Gewissen, sie zu verwerfen. Wir

Christen unterstehen dem Gebot, in Liebe die Wahrheit zu sagen, und genau das tat ich. Ich liebte es, Bridget die Wahrheit über diese Spinne zu sagen.

Aus irgendeinem Grund fiel Bridgets nächster Besuch im Badezimmer außerordentlich kurz aus. Diese Person, die sich furchtlos einem ganzen Raum voller Lyrik produzierender Repräsentanten einer fremden Kultur gestellt hatte, ohne sich im Mindesten aus der Fassung bringen zu lassen, flitzte aus diesem Badezimmer heraus, als wäre ihr – nun, sagen wir mal – ein Monster auf den Fersen.

Ein vollkommen ausreichendes Feld

B: „Haben Sie alles auf den Weg bringen können, was Sie sich erhofft hatten?"

Wir waren von den World-Vision-Mitarbeitern in deren Hauptquartier mit einem fürstlichen Frühstück bewirtet worden und schon jetzt hatten wir eine Menge neuer Fakten über das Gebiet gesammelt, in dem wir uns befanden.

Chittagong liegt am Rand des Golfs von Bengalen. Infolge zweier heftiger Wirbelstürme während der letzten zehn Jahre haben Tausende von Menschen in den umgebenden ländlichen Gebieten ihre Häuser und ihren Besitz verloren. Das hat zu einer massiven Abwanderung in die Stadt geführt, mit dem Ergebnis, dass die Slums dort noch heruntergekommener sind als in Dhaka. Wie wir erfuhren, gab es mehr als dreißig Slums mit einer Gesamtbevölkerung von über 600.000 Menschen, und Bakulia war eines der schlimmsten dieser Elendsviertel. Die Folgen der Armut, der Arbeitslosigkeit, der hygienischen Mängel und des Analphabetismus sind dort sogar so extrem, dass ein Überlebensprogramm für Kinder installiert wurde. Das „Bakulia Health and Development Project", gemeinsam finanziert von World Vision UK und dem britischen Ministerium für Internationale Entwicklung, soll im nächsten Jahr auslaufen, sodass es gegenwärtig vor allem darum geht, sicherzustellen, dass die bisher geleistete Arbeit in Zukunft fortgeführt werden kann.

Man zeigte uns auf einer Tabelle die Ziele, die man sich vor vier Jahren gesetzt hatte. Sie waren äußerst ehrgeizig. Bis zum Jahr 2001 sollten alle Haushalte mit sauberem Wasser versorgt sein. Gemeinschaftslatrinen sollten installiert werden. Spargruppen, Schulbildung, sanitäre Verhältnisse, Gesundheitserziehung, Impfprogramme, pränatale und postnatale Versorgung, Familienplanung, sichere Brennstofföfen – alles, was sich nur denken lässt, hoffte man den Menschen in diesem Slum verschaffen zu können.

Die Liste war lang, und wie üblich konnten wir nicht viel davon aufnehmen, doch was uns wieder einmal auffiel, war die Leidenschaft und das Engagement des Teams. Und noch etwas anderes bemerkten wir – eine gewisse Verteidigungshaltung. Ich erinnerte mich an das, was Sujit im Zug über die Verantwortung gesagt hatte, die World Vision für die Gelder trug, die der Organisation anvertraut wurden.

Liaquat machte ein angespanntes Gesicht, als er meine Frage hörte. „Oh nein, es ist nicht alles so gelaufen, wie wir es erhofft hatten. Manchmal stellen wir fest, dass das, was wir in unseren Sitzungen planen, nicht das ist, was die Leute tatsächlich wollen. Nehmen Sie zum Beispiel Latrinen."

Unsere lebenslange Faszination für Toiletten brachte es mit sich, dass er ein gebannt lauschendes Publikum fand.

„Aber Latrinen wollen sie doch bestimmt haben, oder etwa nicht?"

„Das dachten wir auch, aber wir haben uns geirrt. Wissen Sie, es gab viel Widerstand. Erstens, sagten sie uns, hätten sie doch bereits ein vollkommen ausreichendes Feld hinter ihren Häusern. Wozu eine Latrine, wenn man ein Feld hat? Und zweitens wollten sie keine, weil es Sache der Vermieter gewesen wäre, dem Einbau zuzustimmen. Wenn die Organisation sie einbaute, würden die Vermieter die Miete erhöhen, und das wollten sie nicht. Also keine Latrinen.

Ich machte mir innerlich eine Notiz, an diesem Tag auf keinen Fall eine Tasse Tee anzunehmen.

„Und die andere Seite der Medaille? Gibt es auch Dinge, bei denen Sie mehr Erfolg hatten, als Sie sich je erträumt hätten?"

„Oh ja." Seine ernste, angespannte Miene verschwand und wich einem überaus strahlenden Lächeln. „Ja, ich glaube, das kann man sagen. Warten Sie, bis Sie es sehen."

Den Armen geben ...

A: „Und jetzt wünschen sie sich, dass *Sie ihnen* ein Lied vorsingen."

Mir blieb das Herz stehen. Warum sollten diese armen Kinder mehr leiden als unbedingt nötig? Und überhaupt, was in aller Welt sollte ich ihnen vorsingen, das auch nur den geringsten Bezug zu irgendetwas hatte, das ihnen vertraut war? Was in aller Welt ...?

Wir waren eine oder zwei Straßen weit gegangen, wobei uns der Scheinwerferstrahl von Liaquats Lächeln den Weg ausleuchtete, und schließlich vor einem Gebäude angelangt, das aussah wie eine Slumbehausung. Doch als wir vorsichtig durch die niedrige Tür eintraten, stellten wir fest, dass dieses fensterlose Gebäude, in dem es trotz der Neonröhre an der Decke ziemlich dunkel war, einem ganz anderen Zweck diente. Der Fußboden war sauber gefegt worden und alle

Möbelstücke hatte man hinausgeschafft, bis auf eine Staffelei an der Wand neben der Tür. Auf Matten, die auf dem Boden ausgelegt waren, saßen im Schneidersitz, die Schulranzen vor sich wie kleine, weiche Schreibtische, mehr als dreißig Kinder beiderlei Geschlechts im Grundschulalter. Die Mädchen trugen als Schuluniform ein grünes Kleid und die meisten hatten sich mit weißen Bändern die Haare hochgebunden, während die Jungen Hemden in genau der gleichen grünen Farbe trugen, die lose über eine bunte Mischung ausgesprochen nicht-uniformähnlicher Hosen herabhingen. Alle waren barfuß.

Säuberlich in Reih und Glied angeordnet, um den engen Raum optimal auszunutzen, ließen sich die Kinder mit ihren strahlenden Augen von unserem Eintreten kaum ablenken. Achtundneunzig Prozent aller ihrer verfügbaren Aufmerksamkeit schien fest auf ihre Lehrerin gerichtet zu sein, eine hübsche junge Frau von Anfang zwanzig, die von Kopf bis Fuß in ein blendendes Lila gekleidet war und ihre kleinen Schützlinge auf warmherzige und beeindruckend effiziente Weise im Griff hatte.

Als wir uns umsahen, bemerkten wir, dass die Wände wie in einer englischen Grundschule zum Teil mit bunten Postern bedeckt waren, hauptsächlich jedoch mit Zeichnungen und Gemälden der Kinder. Wir fragten die Lehrerin, ob ihre Schüler uns wohl ihre jeweiligen Arbeiten zeigen dürften. Eines nach dem anderen standen die Kinder auf und deuteten stolz auf das Bild einer Person, eines Drachens, eines Hauses oder einer Mangofrucht, das ihr ganz eigener Beitrag zur Galerie des Klassenraums war.

„Und was ist mit dir?“, fragte ich ein winziges Bürschchen in der ersten Reihe, das noch nichts gesagt hatte.

„Mein Name“, sagte der Kleine und sprang auf, „ist Saddam Hussein.“

Bridget und ich wechselten einen Blick. Ich bin sicher, vor unser beider Augen stand der krasse Gegensatz zwischen unserem inneren Bild des brutalen irakischen Diktators, eines Mannes, der nicht davor zurückschreckt, seine Anhänger dutzendweise eigenhändig mit der Pistole hinzurichten, wenn sie sein Missfallen gefunden haben, und diesem schmächtigen kleinen Jungen mit riesigen, unschuldigen Augen, der da vor uns stand. Natürlich behielten wir diese Gedanken für uns.

„Und welches der Bilder hier an der Wand", erkundigte ich mich aufmunternd, „ist von dir?"

So hoch aufgerichtet, wie es seine winzige Gestalt erlaubte, schritt der kleine Junge an einer Seite des Klassenzimmers entlang, vorbei an zwei Mangofrüchten und einem Hubschrauber, und bog bei einer Banane am Ende der Wand nach links ab. Dann blieb er stehen und deutete stolz mit dem Zeigefinger zuerst auf eine Bleistiftzeichnung an der Wand und dann auf sich selbst, bevor er sich bescheiden zurückzog, sodass Bridget und ich nahe genug herantreten konnten, um seine Arbeit zu begutachten.

„Ah", sagte ich, um schon einmal herzliche Anerkennung auszustrahlen, bevor ich auch nur wusste, was seine Zeichnung darstellte, „es ist eine ..."

„Es ist eine Pistole", beendete Bridget meinen Satz. „Es ist eine sehr detaillierte Zeichnung von einer Pistole."

Unsere Nasen berührten sich fast vor dem Bild, als wir uns einen weiteren kurzen Blick zuwarfen. Der kleine Saddam Hussein hatte eine Pistole gezeichnet. Nun ja ...

Danach unterhielten uns die Kinder mit Tanz und Musik. Ein kleines Mädchen sang uns sogar tapfer ein Solo vor, während der Rest der Klasse sanft dazu schunkelte.

Und nun kam der Moment, wo eines der Mädchen uns durch unseren Dolmetscher fragte, ob ich ihnen ein Lied vorsingen würde! Zu Bridgets Gunsten will ich annehmen, dass sie mir nur behilflich sein wollte, als sie mich daran erinnerte, dass so ziemlich das Einzige, was diese Kinder über England wussten, die Geschichte von Robin Hood war. (Sie müssen sehr enttäuscht gewesen sein, dass ich keinen spitzen grünen Hut trug und keinen Köcher voller Pfeile über die Schulter geschlungen hatte.)

„Sing ihnen doch das Lied von Robin Hood vor", schlug sie unbekümmert vor.

„Das Lied von Robin Hood?"

„Ja, du weißt schon – Robin Hood reitet durch die Lande … und so! Los!"

Ich wartete einen Moment auf die Wiederkunft Christi, die jedoch lästigerweise wieder einmal ausblieb, gürtete schließlich meine Lenden und sang das Lied von Robin Hood:

Robin Hood, Robin Hood
reitet durch die Lande.
Voller Stolz und Wagemut
folgt ihm seine Bande.
Es fürchten ihn die Bösen,
die Guten sind ihm gut.
Robin Hood, Robin Hood.

Mein sechsunddreißigköpfiges Publikum begrüßte das Ende dieser musikalischen Heimsuchung (für sie und für mich) mit ausgelassener Begeisterung, und dann war es auch schon fast Zeit zu gehen.

Noch eine letzte Sache.

Bridget fragte die Lehrerin, ob es Möglichkeiten gebe, ein Kind zu belohnen, wenn es eine besonders gute Leistung erbracht habe. Die Lehrerin schüttelte den Kopf – nein, eigentlich nicht. Daraufhin holte Bridget ein Päckchen kleiner selbstklebender silberner und goldener Sterne hervor, die wir aus England mitgebracht hatten.

„Bitte nehmen Sie das als Geschenk“, sagte sie, „und verwenden Sie es im Unterricht.“

Alle freuten sich darüber, keine Frage, aber wie immer brachte ein Geschenk ohne Gegengeschenk die Empfänger ebenso sehr in Verlegenheit, wie es ihnen Freude bereitete. Einen Moment schauten die Lehrerin und ihre Klasse einander ratlos an. Dann – eine Idee! Aus der Ecke wurde ein Beutel hervorgeholt und geöffnet und sein Inhalt wurde auf den Boden geschüttet. Es war eine Sammlung kleiner Modellfiguren, die die Kinder aus einem hart austrocknenden Ton oder einer Zementmischung hergestellt hatten. Diese, erklärte uns die Lehrerin, während ihre Schützlinge lächelnd zuschauten und eifrig zustimmend dazu nickten, sollten unser Gegengeschenk von ihnen für die silbernen und goldenen Sterne sein.

Nun war alles gut. Wir nahmen unseren Beutel mit Figuren und unsere neue Sammlung von Erinnerungen und brachen auf. Insgesamt, dachten wir, waren wir bei diesem Tausch nicht schlecht gefahren.

Als wir diese wunderbare kleine Klassenzimmerwelt verließen, in der es uns viel besser gefallen hatte als in der staatlichen Schule in Hazaribagh, schilderte uns Liaquat, wie ehrenamtliche Mitarbeiter aus der Bevölkerung und Lehrer die Familien in den Slums besuchen, um die Eltern zu ermutigen, ihre acht- bis elfjährigen Kinder, die bisher noch keine Schule besucht hatten, in solche Klassen zu schicken, wie wir sie eben gesehen hatten, im Rahmen des informellen Grundschulprogramms. Offenbar war die Bereitschaft des Projektes, dazu eine Uniform und Lernmaterialien für jedes Kind zur Verfügung zu stellen, in dieser Hinsicht ein gewaltiger Anreiz gewesen.

Die Art von Schule, die wir eben besichtigt hatten, fuhr Liaquat fort, arbeitet meist in zwei Schichten – eine am Vormittag von acht Uhr dreißig bis elf Uhr dreißig und eine am Nachmittag von zwei bis fünf Uhr. Die Lehrerinnen – es sind immer Frauen – erhalten etwa fünfzehn US-Dollar pro Monat. Ein großer Vorteil dieses Programms ist, dass die Lehrerinnen sich besonders für das Wohlergehen ihrer Klassen einsetzen, weil sie in derselben Nachbarschaft wohnen wie ihre Schüler. Wenn es zum Beispiel ein Problem gibt, machen sie oft nach der Schule einen Besuch bei der Familie des Schülers. In der Supervision hat sich gezeigt, dass diese Lehrerinnen kompetent, engagiert und höchst motiviert sind.

Wir erfuhren, dass viele Eltern darauf drängen, das dreijährige Programm um zwei Jahre zu verlängern, sodass sich die Schüler für weiterführende staatliche Schulen qualifizieren können, die eine fünfjährige Grundschulzeit als Aufnahmebedingung haben.

Zur Zeit unseres Besuchs war bereits die verblüffende Zahl von zweiundzwanzig solcher Schulen eingerichtet worden. Acht davon befanden sich in ihrem ersten Jahr, vierzehn im zweiten. Und wenn ich noch eine weitere höchst bedeutsame Statistik anführen darf: Von den 773 Schülern, die sich eingeschrieben hatten (zwei Drittel davon waren Mädchen) hatten nur neunundzwanzig vorzeitig abgebrochen. Bei Auswertungen hat sich ergeben, dass die Qualität des Unterrichts in diesen Programmen erheblich besser ist als in vergleichbaren staatlichen Schulen. Das ist eine wahrhaft große Leistung.

Robin Hood stahl angeblich von den Reichen. Ich glaube nicht, dass World Vision das tut, aber im Bereich der Schulbildung besteht kein Zweifel, dass sie den Armen geben. Vielleicht sollten all ihre Mitarbeiter überall in der Welt, und besonders die in den Büros in Milton Keynes, einen spitzen grünen Hut tragen. Ja, ich bin sicher, Gott hat mir gerade gesagt, dass sie das tun sollten …

TBAs

B: „Werden wir nach dem Mittagessen die ADPs treffen?"

Ich merkte sofort, dass ich irgendetwas Dummes gesagt hatte. Neben mir saß Mary Dias, die Ärztin, die ich am Vormittag bei der Arbeit begleitet hatte. Sie war gerade dabei, mit der rechten Hand ein Bällchen aus Reis und Fleisch zu formen, hielt mitten in der Bewegung inne und wandte sich überrascht mir zu.

„Die ADPs? Das steht auf unserem Zeitplan, glaube ich."

Inzwischen hatte das ganze Team aufgehört zu reden, und ich war nicht überrascht, als ich ein tiefes Lachen vom Ende des Tisches hörte.

„Ich glaube, Sie meinen die TBAs, Bridget. Ein ADP ist ein ‚Area Development Project'. Ich glaube nicht, dass wir davon nach dem Mittagessen viele treffen werden."

Sujit beteiligte sich mit, wie ich fand, entschieden illoyaler und übertriebener Ausdauer an dem Chor amüsierten Gelächters! Mir war heiß und elend und ich schnappte sofort ein. In der Nacht zuvor hatte ich nicht viel geschlafen. Den ganzen Vormittag über hatten wir die Auswirkungen der Armut aus nächster Nähe zu sehen bekommen. Wir waren durch endlose hektische, tragisch verwahrloste, von Fliegen durchschwärmte Straßen gewandert. Wir hatten Mary bei der Arbeit in einer der schmutzigsten, hektischsten Arztpraxen beobachtet, die man sich nur vorstellen kann. Hier untersuchte sie schwangere Frauen und konnte ihnen nicht mehr Diskretion bieten als einen zerrissenen Vorhang. Eine wildfremde alte Dame hatte mich umarmt und mir versichert, ich sähe genauso aus wie ihre Mutter. Wir hatten die erbärmlichen Schreie von Babys gehört, die gerade geimpft wurden. Sie sahen zu winzig und zu zerbrechlich aus, um überhaupt am Leben zu sein. Eine tränenüberströmte Mutter, die voller Hoffnungslosigkeit über die Zukunft ihres kleinen Jungen von acht Jahren sprach, dem nach einem Feuerwerksunfall am Eid-Tag die rechte Hand abgenommen werden musste, hatte sich mit aller Kraft an unsere Hände geklammert. Seit zwei Tagen hatten wir David und Kate zu Hause telefonisch nicht mehr erreichen können. Ich war müde. Ich war bis zum Stehkragen angefüllt mit Statistiken und Abkürzungen und Armut. Ich hatte genug.

In dem Bestreben, meine Position als interessierte Beobachterin zurückzugewinnen und die Aufmerksamkeit von meinem Lapsus abzulenken, wandte ich mich an Mary und fragte mit möglichst beherrschter Stimme:

„Was, würden Sie sagen, ist der schwierigste Aspekt Ihrer Arbeit?"

Sie hielt wieder mit dem Essen inne und schien ernsthaft über meine Frage nachzudenken. Schließlich seufzte sie.

„Absolute Erschöpfung, Bridget. Ich glaube, dass ist das Schwierigste an unserer Arbeit hier."

Ich blickte in die Runde dieser Soldaten, die in vorderster Front gegen Krankheit und Hoffnungslosigkeit kämpften, und schämte mich in Grund und Boden für mein momentanes Abgleiten ins Selbstmitleid. Ich würde in ein paar Tagen wieder nach Hause fliegen. Diese hochqualifizierten Ärzte, Pfleger und Verwalter dagegen hatten sich entschieden, unter schlimmsten Bedingungen für sehr viel weniger Geld zu arbeiten, als sie in einer staatlich finanzierten Stellung hätten verdienen können. Leidenschaft und Engagement werden nicht unbedingt immer angemessen vergütet. Kein

Wunder, dass da die Freude an der Arbeit manchmal auf der Strecke bleibt und die Fluktuation unter den qualifizierten Mitarbeitern höher ist, als man es sich wünschen würde.

„Aber, Bridget", unterbrach Mary meine Gedanken, „wir machen das nicht alles allein, wissen Sie. Das könnten wir nicht. Unsere Ressourcen würden nie ausreichen, und wie Sie wissen, war es schon immer unsere Herangehensweise, die Menschen mit einzubeziehen und zu befähigen, selbst Dinge zum Besseren zu verändern. Die Gruppe, die Sie erwähnt haben, die TBAs, sind genau so eine Gruppe. Und es stimmt, wir werden nach dem Essen mit ihnen zusammentreffen. Wir sind sehr stolz auf sie und auf unsere Arbeit mit ihnen."

Wenig später war es so weit, und wir tranken Tee mit einigen der verantwortungsvollsten und geachtetsten Menschen in der Gesellschaft von Bakulia. Ohne sie würde die Bevölkerung untergehen, denn sie waren die „Traditional Birth Attendants" oder Hebammen, wie wir sie nennen würden. Mary hatte uns erklärt, dass muslimische Frauen viel zu schüchtern seien, um ein Krankenhaus aufzusuchen, und eine Untersuchung durch einen männlichen Arzt keinesfalls über sich ergehen lassen würden. Darum werden fast alle Babys zu Hause geboren. Wenn ich an die hygienischen Bedingungen dachte, die wir am Vormittag gesehen hatten, wurde mir klar, wie gefährlich das für Mutter und Kind sein musste.

Die Zahlen aus dem Projektbericht, die mir gezeigt wurden, bestätigten meine Befürchtungen. Die Sterblichkeitsrate der Mütter beträgt 224 Todesfälle auf 100.000 Lebendgeburten und eine der Hauptursachen für die Todesfälle ist das, was die Projektmitarbeiter „Überweisungsverweigerung" nennen. Mit anderen Worten, Frauen, die zu einer Spezialbehandlung ins Krankenhaus überwiesen werden, gehen einfach nicht hin, entweder weil ihre Männer sie nicht gehen lassen oder weil sie sich die Behandlung nicht leisten können.

Ein weiterer beängstigender Faktor ist das extrem junge Alter vieler Mütter, die schon als junge Teenager verheiratet wurden. Wie abhängig sie von den Fähigkeiten der TBAs sind, lässt sich denken. Dennoch bekamen Hebammen hier früher keinerlei Ausbildung, weder in grundlegender Hygiene noch in sicheren Geburtshilfemethoden.

Doch der Bericht enthielt nicht nur schlechte Nachrichten. Als ich den Landesdurchschnitt der Sterbefälle bei Babys (grauenhafte 71 bis 82 Fälle auf 1.000 Lebendgeburten) mit dem von Bakulia (22 je 1.000) verglich, wurde mir klar, dass hier etwas Aufregendes vor sich ging und dass sich das Geheimnis hier in diesem Raum befand.

Es waren 52 Frauen. Sie machten auf uns nicht gerade den Eindruck von Heldinnen. Alle waren sie älter und sahen um einiges verwitterter aus als die meisten Frauen, denen wir bisher begegnet waren. Um ehrlich zu sein, Adrian und ich fanden sie sogar ein wenig raubeinig! Aber sie wirkten auch zäh. Und stark. So, als ob sie schon alles Mögliche hinter sich hätten und auf Wege gestoßen wären, um auch unter den schlimmsten Umständen die Oberhand zu behalten. Genau das, was ein verängstigtes junges Mädchen braucht, das auf dem Fußboden eines winzigen Raumes ohne Wasser, ohne sanitäre Einrichtungen und wahrscheinlich ohne Strom inmitten eines der schlimmsten Elendsviertel der Erde ein Kind zur Welt bringen soll.

Sie saßen auf Bankreihen in einem der Räume des regionalen Zentrums und lauschten dem Unterricht durch eine der ausgebildeten Krankenschwestern, die wir beim Mittagessen kennen gelernt hatten. Im Moment blätterte sie gerade einen Stapel mit Bildern bedeckter Formulare durch, wobei sie hin und wieder aufblickte und eine der Frauen anlächelte oder etwas zu ihr sagte. Die Atmosphäre war entspannt und die Antworten hörten sich selbstbewusst an. Offensichtlich waren sie gern bereit, unsere Fragen zu beantworten.

Ja, es stimmte, dass sie bis vor einigen Jahren keine Ausbildung erhalten und auch nicht gewusst hatten, wie wichtig es ist, alles sauber zu halten. Ja, jetzt waren sie alle ausgebildet. Zweiundzwanzig Tage Ausbildung, in denen Hygiene, Erkennen und Überweisen von Problemen in der Schwangerschaft und sichere Geburtshilfetechniken behandelt wurden. Sie hatten gelernt, wie entscheidend es ist, die Mütter zum Stillen und zur Einnahme von Vitamin A nach der Geburt anzuhalten. Sie waren ermutigt worden, ihre Klientinnen zu Impfungen und pränatalen und postnatalen Untersuchungen zu überweisen.

Während unser Übersetzer alle Mühe hatte, mit den energischen und einander ins Wort fallenden Antworten Schritt zu halten und sich über das Stimmengewirr hinweg verständlich zu machen, erinnerte ich mich an das, was Mary darüber gesagt hatte, dass die Fachleute nicht in der Lage seien, ganz allein Verbesserungen in der Gesundheitsversorgung herbeizuführen. Jetzt sah ich, wie zutreffend das war. Nur diese Frauen hier genossen das Vertrauen und die Achtung, die notwendig waren, um verängstigte, auf Schicklichkeit bedachte werdende Mütter dazu zu überreden, sich Untersuchungen zu unterziehen, und sie von der Wichtigkeit von Impfungen zu überzeugen.

Eine Information lag ihnen allen besonders am Herzen. Am Ende der Ausbildung hatten sie alle ihre Ausrüstung erhalten.

„Ihre Ausrüstung?"

Es gab eine laute Diskussion, dann ging eine der Frauen hinaus und kehrte wenig später mit einer kleinen Tasche zurück, die über die Köpfe hinweg nach vorn gereicht und geöffnet wurde, damit wir sie bewundern konnten. Darin war ein kleiner Topf, in dem das Wasser gekocht wurde, um die Rasierklinge zu sterilisieren, die, wie sie uns stolz erzählten, das scharf geschliffene Stück Bambus ersetzt hatte, mit dem sie früher die Nabelschnur durchtrennt hatten. Dann war da Watte und Seife in einer Seifendose sowie eine Nagelbürste, damit sie sich die Hände schrubben konnten, bevor sie ein Baby auf die Welt holten. Dann kam noch einmal Watte, Plastikhandschuhe, eine Plastikdecke, ein Desinfektionsmittel und Mullbinden, die helfen sollten, für eine sichere Geburt zu sorgen. Oh ja, sie waren stolz darauf, dass sie ausgebildet waren, und sie fühlten sich erheblich sicherer, seit sie wussten, dass sie über die richtige Ausrüstung verfügten, um ihre Arbeit professionell zu verrichten.

Ob wir die Tabellen sehen wollten, die sie ausfüllen und bei ihren wöchentlichen Treffen vorlegen mussten?

Natürlich wollten wir.

Jetzt verstand ich auch, warum die Formulare mit Bildern bedeckt waren, mit einem Kästchen für eine Strichliste. Kaum eine unserer Heldinnen konnte lesen oder schreiben. Auf den Tabellen, über die die Krankenschwester gerade mit den Frauen gesprochen hatte, als wir hereinkamen, wurde jede Schwangerschaft verzeichnet. Die Kästchen, die auszufüllen waren, gaben an, ob die TBAs die werdende Mutter über die Notwendigkeiten einer ausgewogenen Ernährung, eines gesunden Lebensstils, ausreichender Ruhe, der Impfung gegen bestimmte Krankheiten und der vorgeburtlichen Betreuung aufgeklärt hatten. Dann mussten auch die Geburt selbst, die Durchtrennung der Nabelschnur, etwaige Krankenhausbesuche und ein Seh- und Hörtest für das Baby verzeichnet werden. Daneben gab es auch eine Überprüfung der Beweglichkeit. Damit erfüllten die TBAs jetzt nicht mehr nur die reine Hebammenrolle, sondern auch die einer allgemeinen Gesundheitsberaterin. Kein Wunder, dass sie stolz auf sich waren.

Gab es etwas, womit sie nicht zufrieden waren?

Ja, das gab es. Sie würden gerne bezahlt werden.

Was bekamen sie denn im Moment für ihre Arbeit?

Oh, kleine Geschenke von den Familien. Meistens Seife. Oder Reis. Aber jetzt, wo sie ausgebildet waren, fanden sie, hätten sie ein bisschen mehr verdient.

Das konnte man wohl sagen, und ich muss zugeben, ich fand es allerhand, dass World Vision es nicht für nötig hielt, seine Mitarbeiter zu bezahlen. Wir nahmen uns vor, das Problem, so wie wir es sahen, anzusprechen, bevor wir Chittagong verließen.

Doch zuerst stand für uns ein Ausflug ans Meer auf dem Programm.

Eine starke Burg

Der Name des Herrn ist eine starke Burg.
Die Gerechten suchen Zuflucht in ihm und werden gerettet.

B: Ich erinnere mich noch gut an einen Gottesdienst in einer riesigen Baptistengemeinde in Südafrika, in dem zwei taubstumme Mitglieder der Gemeinde dieses Lied auf sehr schöne Weise begleiteten. Mit vor Leidenschaft und Begeisterung leuchtenden Gesichtern porträtierten sie die Wahrheit dieser Worte mit Gebärden und Tanz. Jetzt, als ich auf dem Dach eines Sturmbunkers in Patenga, einer Gegend in der Nähe von Chittagong, stand, erlebte ich eine noch konkretere Illustration dieser Wahrheit.

Während der letzten 180 Jahre hat es nicht weniger als 200 Wirbelstürme gegeben, von denen sechs so verheerend waren, dass dabei über fünfzig Millionen Menschen ihr Leben verloren. Als ich nun von hier aus durch die blühenden Palmen hindurch hinab auf die grünen, sonnenbeschienenen Felder blickte, die sich meilenweit vor mir erstreckten, fiel es mir schwer zu glauben, dass 1991 durch ein verrücktes Zusammentreffen von Wettereinflüssen der schlimmste Wirbelsturm hervorgerufen worden war, den dieses Küstengebiet seit vielen Jahren erlebt hatte. Er hatte buchstäblich alles weggefegt, was sich in seinem Pfad befunden hatte. Über die verheerende Wirkung des Sturms hinaus war auch das Meer so sehr aufgewühlt worden, dass ihm eine fünf Meter hohe Flutwelle gefolgt war. Ich kann mir nichts Erschreckenderes vorstellen. Sich Stunde um alptraumhafte Stunde an irgendetwas zu klammern, das kaum stark genug ist, um das eigene Gewicht zu tragen, krank vor Angst, und mit Mühe und Not den Trümmern, den toten Tieren und den verrosteten Wellblechdächern auszuweichen, die dieses Sturmungeheuer in alle Richtungen schleudert, das ist schlimm genug. Doch aufzublicken und eine fünf Meter hohe Welle auf sich zurollen zu sehen, das ist einfach unbeschreiblich. Doch genau das hatten viele der Dorfbewohner, die wir an diesem Nachmittag kennen lernten, erlebt.

Jeder von ihnen hatte eine Geschichte zu erzählen. Sie zeigten uns das klapperige Wellblechdach, an das sich unglaublicherweise sechshundert Leute geklammert hatten, während die Wassermassen über sie hinwegspülten. Sie erzählten, wie entsetzlich es gewesen war, rücksichtslos übereinander hinwegzuklettern, um ein paar Handbreit sicheren Platz für die eigenen Angehörigen und sich selbst zu ergattern. Eine Großmutter schilderte uns, wie sie ihren vierjährigen Enkel mit ihrem Körper abgeschirmt hatte und eine

Mutter, wie ihr kleines Mädchen für immer in den dunklen, schäumenden Fluten verschwunden war. Manche von ihnen hatten auch seltsame Feuerbälle auf dem Meer tanzen sehen.

Es muss wie das Ende der Welt gewesen sein.

Sie berichteten uns von dem Grauen, das sie erwartet hatte, als endlich die entsetzliche Gewalt der Flutwelle nachgelassen hatte und der Wind verstummt war, von der Dunkelheit, die sich für mehrere Wochen auf ihre kleine Welt gelegt hatte, als jede Stromversorgung völlig zusammengebrochen war. Sie sprachen über die toten, aufgeblähten Tierleiber, die in dem zurückweichenden Wasser getrieben waren und von denen einige unerklärliche Brandmale aufgewiesen hatten. Sie schüttelten die Köpfe über das tragische Ende ihrer zerbrechlichen Häuser, von denen die meisten völlig zerstört worden waren. All ihr Hausrat war weg gewesen. Keine Kleidung. Keine Betten. Keine Lebensmittel. Kein sauberes Wasser. Keine Straßen mehr, um zu fliehen, selbst wenn sie noch Fahrzeuge besessen hätten, in denen sie hätten fliehen können.

Und dann sprachen sie über World Vision: über die Boote, die mit Paketen voller Reis und Wasser in Flaschen eintrafen, mit Decken und sogar verzehrfertigen Lebensmitteln. Und mit Hoffnung. Hoffnung, dass das Leben weitergehen würde.

Sie waren nicht untergegangen. Es gab wirklich noch Hoffnung, eine Hoffnung, die symbolisiert wurde durch das außergewöhnliche Gebäude, auf dem wir jetzt standen.

Ich kann nur versuchen, es Ihnen so gut zu beschreiben, wie ich kann. Es ist mehrere Stockwerke hoch und in Form einer Pfeilspitze gebaut, die direkt auf den Golf von Bengalen zeigt. Die beiden Flanken sind in etliche kleine Räume aufgeteilt, ausgestattet mit Fensterläden aus Metall, die geeignet sind, auch den schlimmsten Einwirkungen dieses explosiven

Klimas zu widerstehen. Entlang der Wände sind in gleichmäßigen Abständen Anweisungen in großen Buchstaben aufgemalt, durchnummeriert von eins bis zehn und mit Illustrationen für Nichtleser versehen. Kinder auf dem Weg in die Schule und Erwachsene auf dem Weg zum Markt oder zur Arbeit auf den Feldern können sie täglich sehen. Der Bunker ist telefonisch mit der Wetterzentrale in Dhaka verbunden, die alle Wetterveränderungen beobachtet und Nachricht gibt, sobald eine Gefahr droht. Dann tritt in den Stunden bis zum Eintreffen der Katastrophe ein Megaphon in Aktion, das in regelmäßigen Abständen für die Dörfer in der Umgebung die Ziffern der jeweiligen Anweisungen hinausdröhnt.

Die Ziffer eins bedeutet, dass in den nächsten vierundzwanzig Stunden mit einem Wirbelsturm zu rechnen ist. Ich bin nicht ganz sicher, was zwei bis vier bedeuten (die Anweisungen waren natürlich alle auf Bangla geschrieben), aber die Ziffer fünf besagt, dass vom Verlassen des Dorfes abgeraten wird. Nummer sechs weist die Bevölkerung an, ein Loch zu graben und ihre Reisvorräte darin zu sichern, versehen mit einer deutlichen Markierung, sodass ihnen sofort eine Nahrungsquelle zur Verfügung steht, sobald sie wieder zu ihren Häusern zurückkehren können. Ziffer sieben bedeutet: Lasst alles stehen und liegen, kommt zum Bunker und bringt nur eure Tiere mit. Die Ziffern acht, neun und zehn dürften Anweisungen in der gleichen Richtung mit steigender Dringlichkeit sein. Was ich weiß, ist, dass das System seit seiner Einrichtung nach der Katastrophe von 1991 zweimal auf die Probe gestellt wurde und sich als erfolgreich erwiesen hat. Bei zwei verschiedenen Gelegenheiten sind dreitausend Menschen über die Felder geströmt, um in diesem einen Bunker Zuflucht zu suchen.

Entlang der Küste hat World Vision vierzehn davon errichtet. Natürlich ist diese Organisation nicht die einzige, die engagiert daran arbeitet, Sturmbunker zu errichten, aber die einzigartige Form der Gebäude geht auf ihr Konto. Dadurch, dass die Pfeilspitze aufs Meer deutet, ist diese Spitze genau auf das Auge des Sturms gerichtet, wenn der Wirbelsturm an Gewalt zunimmt und auf die Küste zurast. In dem Moment, in dem diese beiden Titanen aufeinander prallen, wird der Sturm buchstäblich in zwei Teile zerschnitten, und seine Kraft verpufft wirkungslos, während er an den schrägen Flanken des Gebäudes entlangfegt. Natürlich gibt es immer noch Verheerungen und es werden immer noch ganze Dörfer dem Erdboden gleichgemacht, aber seit diese Bunker errichtet wurden, ist niemand in der Gegend bei einer Flutwelle oder einem Wirbelsturm ums Leben gekommen.

Die folgende kleine Geschichte wird ihnen vielleicht gefallen. Die Mitarbeiter von World Vision dürfen nicht evangelisieren, doch als 1998 ein Fernsehteam von ITN über die Krise berichtete, bereitete das Team eine warme Mahlzeit für alle zu, die im Bunker Unterschlupf gefunden hatten. Wie immer dankten sie Gott für das Essen, bevor sie es verteilten. Ein respektvolles Schweigen legte sich über die nur aus Muslimen bestehende Schlange der Wartenden wie auch über die Reporter von ITN, als die Mitarbeiter Gott für das Essen und für die Rettung derjenigen, die es bekommen sollten, dankten.

Einer der Mitarbeiter erzählte uns mit Ehrfurcht in der Stimme: „Danach war es fast so, als ob wir das Abendmahl austeilten, so gesegnet war die Atmosphäre."

Wenn der große böse Wolf kommt, sind wir bereit – mit einem Stück Draht

A: Haben Sie *Titanic* gesehen? Eine Szene in diesem Film ließ mir das Blut gefrieren. Es ist diejenige unmittelbar nach der Kollision mit dem Eisberg. Kapitän Smith, seine leitenden Offiziere und der Erbauer des Schiffs, die dringend die voraussichtlichen Auswirkungen des Schadens abschätzen müssen, studieren Pläne und Zeichnungen, auf denen die angeblich wasserdichten Laderäume des Ozeanriesen abgebildet sind. Binnen Minuten sehen sie sich zu dem Schluss gezwungen, dass ihr Schiff verloren ist. Dieser entsetzliche Moment wird verstärkt durch den bizarren Kontrast zwischen dem kaum verhohlenen Grauen in den Stimmen und Mienen dieser kleinen Gruppe von Männern, die die furchtbare Wahrheit kennen, und dem Umstand, dass das so genannte „unsinkbare" Schiff, zumindest für den Augenblick, friedlich auf völlig ruhiger See unter einem klaren Sternenhimmel dahingleitet. Später müssen sich die überlebenden Passagiere gefragt haben, wie es möglich ist, dass eine solch friedvolle Szene einer so grauenhaften Katastrophe vorausgeht.

Als ich auf das Dach des pfeilförmigen Sturmbunkers kletterte, den Bridget so eindringlich beschrieben hat, und auf die wohl geordneten Dörfer und grünen Felder hinausspähte, die sich endlos in die Ferne erstreckten, musste ich an diese Szene aus *Titanic* denken. Hinter mir lauerte der Golf von Bengalen, riesig, uralt und für meine beschränkte Wahrnehmung Teil einer geheimnisvollen, fast mythischen fernöstlichen Welt, die mir völlig fremd war, wieder einmal auf seine Gelegenheit. Bald, vielleicht schon in zwei Monaten, würde sich dort in der Dunkelheit der nächste Wirbelsturm mit unfassbarer Gewalt auftürmen und wie der große böse Wolf, vor dem ich als Kind so schreckliche Angst hatte, versuchen, diesen Betonbunker durch Pusten und Prusten zum Einsturz zu bringen.

„Möge er das nächste Mal ebenso wenig Erfolg haben wie das letzte Mal“, betete ich im Stillen.

Und alle kleinen Schweinchen Gottes sagten: „Amen!“

Wirklich. Ich habe sie genau gehört.

„Kommen Sie und schauen Sie sich an, was der Wind beim letzten Mal angerichtet hat“, rief uns unser Führer zu, der ein Stück von uns entfernt auf dem Dach stand. „Schauen Sie hier hinunter.“

Ich spähte über das niedrige Geländer hinweg, das um den Rand des Daches lief. Tief unter uns an der Hinterseite des Bunkers stand ein Nebengebäude oder ein Schuppen, der schwer beschädigt worden war. In seinem Dach klaffte ein großes Loch.

„Sieht aus, als wäre etwas darauf gefallen – etwas ziemlich Schweres“, mutmaßte ich scharfsinnig.

„Ja“, erwiderte unser Gastgeber, „es ist beim letzten Wirbelsturm passiert.“

Er richtete sich auf, drehte sich um und klopfte ein paar Mal kräftig mit der flachen Hand auf eine gewaltige Betonplatte, die auf einer Art Schornstein ruhte.

Ich starrte sie ungläubig an. „Sie wollen mir doch nicht im Ernst erzählen, dass …“

„Der Wind hat das Ding abgehoben wie einen Drachen“, sagte er, „und es genau auf das Dach von dem Gebäude da unten fallen lassen. Wir mussten die Platte hochhieven und wieder anbringen.“

„Aber wird das nächste Mal nicht wieder dasselbe passieren?“

„Wir haben sie fixiert – schauen Sie.“

Er deutete auf ein kurzes, ärmliches Stück rostigen Drahtes, das an einem Ende an der Platte und am anderen Ende am Sockel, auf dem sie ruhte, angebracht war. Einen Moment lang musterte ich schweigend die Konstruktion, dann konnte ich mich nicht mehr beherrschen und brach in Gelächter aus. „Tut mir Leid", prustete ich, „aber wollen Sie mir ernsthaft erzählen, wenn der nächste Wirbelsturm kommt und sich die Lippen leckt aus Vorfreude auf eine Runde Betonplattenschmeißen, dann wird er einen enttäuschten Blick auf dieses Stück Draht werfen und sagen: ‚Oh nein! Diese Spielverderber. Die haben die Platte mit einem Stück rostigem Draht festgebunden – jetzt kann ich nicht mehr damit spielen', und sich dann zum Schmollen zurück in den Golf von Bengalen trollen?"

Es entstand eine Pause. Leichte Besorgnis meinerseits: Können Lachen und Sturmbunker jemals zusammenpassen? Nun, diesmal taten sie es immerhin, zu meiner großen Erleichterung. Alles lachte.

Ich erinnere mich mit einer gewissen Zuneigung an dieses winzige Zeichen des Widerstandes. Es macht mir bewusst, dass selbst die größten und ehrgeizigsten Projekte letzten Endes aus ganz gewöhnlichen Menschen bestehen, die ihr Bestes tun und die Ergebnisse vertrauensvoll Gott überlassen.

David gegen Goliath, Gideon gegen die Midianiter, Hiob gegen seine neunmalklugen Freunde, das Scherflein der Witwe gegen eine Welt voller Bedürftigkeit, ein Stückchen Draht gegen einen Wirbelsturm – manche Dinge scheinen sich nie zu ändern, ist es nicht so?

Lohnverhandlungen

B: Nachdem wir uns verabschiedet hatten und nach Bakulia zurückgekehrt waren, hatten wir beide das Gefühl, es den TBAs schuldig zu sein, ihre Beschwerde vorzubringen. Als wir mit Liaquat und Mary beim Tee zusammensaßen, witterten wir eine günstige Gelegenheit.

Schließlich sprachen die Fakten offensichtlich für sich. Nicht nur wurden immer mehr Babys sicher auf die Welt gebracht, sondern auch die Zahl der Neugeborenen, die ausschließlich gestillt wurden und dann vom Alter von fünf Monaten an die notwendige Ergänzungsnahrung erhielten, sowie die Zahl derer, die geimpft wurden, waren sämtlich in den letzten zwei Jahren um zwanzig Prozent gestiegen.

„Sie müssen eines bedenken“, erklärte uns Liaquat. „So stolz wir auch auf unsere Arbeit mit ihnen sind – und Sie haben völlig Recht, ohne sie könnten wir unsere Arbeit nicht erfolgreich machen. Aber sie sind nicht unsere Angestellten. Sie gehörten schon immer zu ihren Kommunen, und daran hat sich auch nichts geändert. Natürlich sollten sie anständig bezahlt werden, aber wenn wir anfangen würden, sie als unsere Angestellten zu betrachten, würden wir sofort ein neues Problem schaffen, besonders dann, wenn wir uns im Lauf der nächsten zwei Jahre allmählich zurückziehen, um anderswo ein neues Projekt zu beginnen. Natürlich möchten wir, dass sie auch weiterhin all das praktizieren, was sie gelernt haben, und wir hoffen, dass die Notwendigkeit dieser Grundausbildung in Zukunft ernst genommen wird. Wir hoffen auch, dass die Kommune begreifen wird, dass sie die Dienstleistungen, die sie empfängt, ordentlich bezahlen sollte. Doch so dankbar eine Familie auch sein mag, sie ist einfach oft zu arm, um mehr zu geben, als es gegenwärtig geschieht. Wenn sie ein bisschen Reis gibt, kann das bedeuten, dass in der Familie eine Mahlzeit ausfallen muss. Unsere Frauen-Spargruppe ist bereits dazu angeregt worden, Geld für geburtshilfliche Notfälle zurückzulegen. Vielleicht ist das ein entscheidender Schritt nach vorn. Dazu muss auch mit den städtischen Stellen von Chittagong zusammengearbeitet werden. Unsere Maßnahmen für ein effektives Ausklingen unserer Arbeit hier beinhalten Treffen zwischen der Bevölkerung von Bakulia und politischen, sozialen und gesundheitspolitischen Verantwortungsträgern, um dafür zu sorgen, dass das Gesundheitsprogramm ohne Ressourcen von außen weitergeführt werden kann."

Als wir am Abend schließlich das Büro verließen und den Rückweg durch den dichten Berufsverkehr in die vergleichsweise luxuriöse Umgebung unseres abgeschiedenen Gästehauses auf dem Berg antraten, waren wir alle ein wenig überwältigt von dem schieren Umfang der Not und der Hilfsmaßnahmen, die wir heute gesehen hatten.

Sanjay hatte offenbar den Eindruck, wir könnten eine Aufheiterung gebrauchen. „Erinnern Sie sich an den kleinen Jungen namens Saddam Hussein, den wir heute morgen kennen gelernt haben? Also, die Entscheidung, die seine Eltern getroffen haben, ihn nach einer berühmten Persönlichkeit zu nennen, hat mich an einen Mann erinnert, den ich in Kambodscha getroffen habe. Er erzählte mir, er hätte drei Söhne. Einer hieß Alexander, einer hieß Mussolini und der dritte hieß Hitler. Ich musste ihn einfach fragen, warum er seinem jüngsten Sohn ausgerechnet diesen Namen gegeben habe.

‚Ja, wissen Sie', sagte der Mann zu mir, ‚als junger Mann war ich Soldat, und damals war Hitler ein sehr berühmter Mann. Ich weiß nicht, warum, aber sein Name stand jeden Tag in der Zeitung. Ich sah ihn überall. Den Namen Hitler. Oh ja, er war ein sehr, sehr berühmter Mann. Sie sind noch jung. Zu jung, um von ihm gehört zu haben, aber damals war er ein sehr berühmter Mann.'"

Straßenmädchen

Ein Mädchen sein

B: Bevor wir auf das Straßenmädchen-Projekt zu sprechen kommen, möchte ich Ihnen erzählen, was wir darüber erfahren haben, was es bedeutet, in Bangladesch ein Mädchen zu sein.

Als unsere Tochter Kate vor dreizehn Jahren geboren wurde, war das ein ausgesprochener Festtag für uns. Nach drei Jungen waren wir endlich mit einem süßen kleinen Mädchen gesegnet worden, womit wir kaum noch gerechnet hatten. Ich erinnere mich, wie unser fast ausschließlich männlicher Haushalt, in dem die Wände in den Zimmern der Jungs mit Fußballpostern tapeziert und ihre Schränke zum Bersten mit Kricket-Knieschützern, Fußbällen und Skateboards gefüllt waren, sich vorübergehend in einen Schrein zu Ehren der Mädchenhaftigkeit verwandelte, gefüllt mit rosa Glückwunschkarten, Blumen und Schleifen.

Die Sitten und Gebräuche unterscheiden sich von Land zu Land und von Kultur zu Kultur. In Bangladesch kann die Reaktion auf die Geburt eines Mädchens immer noch so aussehen, dass man den Kopf schüttelt und seufzend das schwere Schicksal akzeptiert, das Allah der Familie auferlegt hat. Symbolisiert wird das bei der Namensgebungsfeier für ein weibliches Kind dadurch, dass nur ein Tier geopfert wird, statt zwei, wie es bei einem Jungen üblich ist. In den strengsten Muslim-Familien wird die Minderwertigkeit und mangelnde Unabhängigkeit des Mädchens durch die religiöse Vorschrift des *Purdah* verstärkt, was wörtlich „Vorhang" oder „Schleier" bedeutet. Sobald ein Mädchen das Teenageralter erreicht, darf sie ihr Zuhause nur noch verlassen, wenn sie mit einer *Burkha* verschleiert ist, einem dunklen Gewand, das ihren Körper bis auf einen schmalen Schlitz oder zwei Löcher für die Augen vollständig einhüllt.

Das bedeutet nicht, dass ihr Vater, oder später ihr Ehemann, unbedingt grausam oder bis zum Wahnsinn eifersüchtig sein muss. Den Männern wird beigebracht, dass ihre Namen in das Buch geschrieben werden, in dem die Sünden aufgezeichnet werden, und dass sie verloren sind, wenn sie ihre Frauen und Töchter nicht daran hindern, sich frei zu bewegen. Diese entsetzliche Barriere gegen die persönliche Entwicklung der Frauen ist eine tragische Erfindung von Menschen. Obwohl die heiligen Propheten im Koran klar zum Ausdruck brachten, dass sowohl Männer als auch Frauen Zugang zur Bildung haben sollten, dürfen Frauen wegen des Schleiers nicht von den örtlichen Geistlichen unterrichtet werden und nicht an Versammlungen und Festen teilnehmen, ja nicht einmal eine Moschee betreten. Pharisäer scheint es in jeder Religion zu geben! Das bedeutet, dass viele Frauen nicht die Möglichkeit haben, irgendwelchen beruflichen Aktivitäten außerhalb des Hauses nachzugehen, und somit nicht zum Einkommen der Familie beitragen können. Angesichts alldessen ist es nicht überraschend, dass weibliche Kinder als Belastung und Bürde angesehen werden und dass man ihre Ankunft nicht mit großer Fanfare feiert. Das gilt umso mehr, wenn man die Riten im Zusammenhang mit der Eheschließung in die Gleichung einbezieht, denn auch hier ist es ein gewaltiger Vorteil, ein männliches Kind zu haben.

Nach dem Islam ist die Ehe für jeden Mann und für jede Frau vorgeschrieben. In Bangladesch dürfen deshalb – vermutlich um sicherzustellen, dass diese Vorschrift ernst genommen wird – muslimische Väter mit unverheirateten

Töchtern nicht auf die Pilgerreise nach Mekka gehen. Kein Wunder, dass die Eltern von Mädchen begierig sind, die Verheiratung ihrer Tochter so früh wie möglich zu arrangieren, manchmal bereits mit fünf Jahren. Von den Vätern arrangierte Ehen sind die kulturelle Norm, nicht nur für die muslimischen, sondern auch für die hinduistischen und sogar viele christliche Familien in Bangladesch. Traditionell treten zuerst die Eltern des Jungen über einen Vermittler an die Eltern des Mädchens heran, um nach ganz allgemeinen Kriterien das Zusammenpassen der beiden festzustellen. Ist das Mädchen jünger als der Junge? Ist sie kleiner? Ist sie weniger gebildet? Wie dunkel ist sie (blass gilt als schön)? Ist sie stark? Und nicht zuletzt: Kann sich ihre Familie die Mitgift leisten, die die Familie des Jungen erwartet?

Wenn all diese Aspekte zur Zufriedenheit geklärt sind (obwohl mir schleierhaft ist, wie man voraussagen will, ob das Mädchen seinen künftigen Ehemann nicht in ein paar Jahren an Größe überragen wird!), kommt die Mutter des Jungen zu Besuch, um sich das Mädchen selbst anzusehen, wenig später gefolgt vom Vater, der dann einen formellen Antrag vorbringt. Zum Schluss kommt dann der Junge selbst, begleitet von Freunden und Verwandten. Das Mädchen serviert ihnen Tee und beantwortet alle seine Fragen. Wenn sie ihm gefällt, schickt die Familie des Jungen der des Mädchens eine Nachricht, dass sie einverstanden sind, das Mädchen zu nehmen.

Leider wird sich die Lage des Mädchens nach der Eheschließung nicht unbedingt verbessern, denn ihr Mann wird die traditionelle dominante Rolle ihres Vaters fortführen. Nach dem Islam kann eine Frau nur dann in den Himmel kommen, wenn ihr Mann in jeder Hinsicht mit ihr zufrieden ist. Von ihr wird erwartet, dass sie hingebungsvoll und gehorsam ist und ohne Widerspruch auf ihren Mann hört, dass sie seine Füße berührt und ihn niemals bei seinem Namen nennt. Und der Ehemann ist nicht der Einzige, dem sie gefallen muss.

Nach der Hochzeit verlassen Braut und Bräutigam das Haus der Braut, wo die Zeremonie unter hohen Kosten für die Familie der Braut stattgefunden hat, und ziehen in das Haus des Bräutigams, wo seine Mutter den Arm der Braut ergreift und sie hineinführt. Nun muss die Ehefrau auch ihre Schwiegermutter zufrieden stellen, und wenn sie den Erwartungen nicht entspricht, muss sie damit rechnen, geschlagen und bestraft zu werden. Schlimmer noch, sie kann jederzeit und ohne Angabe von Gründen von ihrem Mann geschieden werden und somit vor dem wirtschaftlichen Nichts stehen, sodass ihr nur die Wahl bleibt, als unwillkommene, zusätzliche Bürde ins Haus ihres Vaters zurückzukehren oder ihr Leben auf den Straßen als Bettlerin oder Prostituierte zu fristen.

Einer der Hauptgründe für die Scheidung ist, dass die Mitgift durch die Familie der Braut nicht vollständig bezahlt wurde. Obwohl das System der Mitgift ursprünglich aus dem Hinduismus stammt, hat es die ganze bengalische Kultur durchdrungen und ist zu einem immer weiter verbreiteten sozialen Problem geworden. Selbst christliche Frauen haben ähnliche Probleme mit der Mitgift. Die Forderungen sind so stark gestiegen, dass die Eltern der Braut sich vor der Hochzeit oft hoch verschulden müssen. Häufig wird die arme junge Ehefrau geschlagen und mit neuen Geldforderungen zurück zu ihrer Familie geschickt, selbst wenn die ursprüngliche Mitgift bezahlt wurde. All das verstärkt natürlich die negative Einstellung von Eltern gegenüber weiblichen Kindern im Allgemeinen und ihren eigenen im Besonderen.

Zum Glück sind inzwischen erste Veränderungen im Gang, zum Teil aufgrund von staatlichen Initiativen. (Das spiegelt sich in der überraschenden Tatsache wider, dass sowohl die Premierministerin als auch die Oppositionsführerin in Bangladesch Frauen sind.) Doch in einer Gesellschaft, in der der vorherrschende kulturelle Mythos besagt, Frauen seien von Natur aus körperlich schwach, unintelligent, geistig unbeständig, furchtsam, irrational und psychisch labil, kann es einige Zeit dauern, bis sich an den Wurzeln etwas verändert! Besonders dann, wenn ein solcher Mythos nicht nur von den Männern in der Gesellschaft bekräftigt wird, sondern auch von den Frauen, die ihre eigene Minderwertigkeit als Norm akzeptieren, eine Tatsache, die sich sehr deutlich in der Untersuchung *The Girl Child in the Family and Society* zeigte, die 1993 im Auftrag von World Vision durchgeführt wurde. Insgesamt wurden 150 sehr arme Familien befragt, sowohl aus städtischen als auch aus ländlichen Gebieten. Das „Sohn-Vorzugs-Syndrom", wie es in der Untersuchung blumig genannt wurde, wies darauf hin, dass Mädchen häufiger erkrankten und an Mangelernährung litten, weil den Männern und Jungen immer zuerst serviert wurde und sie von den wenigen verfügbaren Lebensmitteln das Beste und meiste erhielten. Bei den Frauen stellte man fest, dass sie sich kaum irgendwelcher Rechte bewusst und deshalb auch nicht in der Lage waren, ihre Töchter dazu anzuhalten, in irgendeiner Weise auf ihre Rechte zu pochen.

Nachdem Gesetz dürfen Mädchen erst heiraten, wenn sie achtzehn sind – einer der Versuche der Regierung, die Gesellschaft in die Moderne zu überführen. Doch in den untersuchten Familien gab es sechsunddreißig verheiratete Mädchen im Teenageralter, zwei davon in der Altersgruppe von zehn bis vierzehn und vierunddreißig in der Altersgruppe von fünfzehn bis achtzehn. Kaum eine der Familien, die an der Umfrage teilnahmen, hatte überhaupt davon gehört, dass Heiraten erst ab achtzehn Jahren erlaubt war.

Aus der Sicht der meisten von ihnen war das Einsetzen der Pubertät immer noch der ideale Zeitpunkt, um die Mädchen zu verheiraten, und sei es nur, damit sie nicht „verdorben" würden.

Die Untersuchung zeigte auch, dass diese jungen verheirateten Mädchen häufig von ihren Schwiegereltern körperlich und seelisch misshandelt und oft auch außerhalb des Hauses sexuell missbraucht wurden. Von diesen waren zwei bereits geschieden und sieben getrennt oder verlassen, bevor sie auch nur Teenager geworden waren. In fast allen Fällen stellte sich eine nicht bezahlte Mitgift als Ursache heraus. Die Untersuchung ergab, dass keines dieser jungen Mädchen die Rechte kannte, die ihm von Gesetz wegen zustanden. Zum Beispiel wussten sie nicht, dass die Praxis der Ehescheidung durch dreimaliges Aussprechen der Worte „Ich scheide mich von dir" durch den Ehemann juristisch nicht gültig ist. Oder dass auch sie selbst unter bestimmten Umständen das Recht haben, sich von ihrem Mann scheiden zu lassen. Oder dass sie von ihren Schwiegereltern nicht misshandelt werden dürfen. So bleiben sie Opfer ihrer eigenen Unwissenheit und Hilflosigkeit, und das wird offenbar auch so bleiben, bis irgendjemand irgendwo die Initiative ergreift, um eine Veränderung herbeizuführen.

Gewalt gegen Frauen

Maskulinitäten und Gewalt gegen Frauen

von Dilara Chowdhury

Die Gewalt gegen Frauen hat nach diesem Bericht (Odhikar: Dhaka Human Rights Coalition) 1999 stetig zugenommen. 835 Frauen vergewaltigt. 10 davon durch die Polizei. 75 Frauen kamen als Mitgift-Opfer ums Leben. 153 Frauen erlitten Verbrennungen. Die Saga der Gewalt gegen Frauen erreichte ihren Gipfel im Aufsehen erregenden Angriff auf eine junge Frau im Lehrerstudienzentrum der Universität Dhaka in Gegenwart von Hunderten von jungen Männern und Polizeibeamten. Die Nation sollte beschämt das Haupt senken über die Tatsache, dass so etwas auf einem Universitätscampus vorkommen konnte, der als Zuflucht für die Opfer aller Ungerechtigkeiten galt. ... Doch alles, was bisher an die Öffentlichkeit drang, waren ein paar Artikel in den Zeitungen ... kein Aufschrei, kein Gefühl der Schande, kein Zeichen des Bedauerns auf Seiten unserer politischen Führung oder führender Persönlichkeiten aus unserer Gesellschaft. ... Eine Geisteshaltung, die in dem Glauben verwurzelt ist, Männer seien von Natur aus „maskulin", fördert die Aggressivität bei Männern und ihre Neigung zur Gewalt. In Wirklichkeit ist das ein kulturelles Konstrukt. Gesellschaftliche Praktiken, die Männer mit Gewalt in Verbindung bringen, ... wurzeln in den Schriften antiker und moderner Politiktheoretiker, so genannten Erkenntnissen über Testosteronspiegel, soziobiologische Vorstellungen, religiöse Verkündigungen wie die Chokhbazar Hadiths und Geschichtsdeutungen, nach denen Männer zur Aggression sozialisiert werden, um das Überleben der Spezies zu sichern. Unsere kulturelle Umgebung lässt eine allgegenwärtige Tendenz zu, Frauen auf die Anklagebank zu stellen, wie auch immer die Situation aussehen mag. So warf man den Studentinnen an der Universität Jahangirnager vor, sie seien dafür verantwortlich, zu Vergewaltigungen herausgefordert zu haben, indem sie sich zu so genannten „Unzeiten" frei auf dem Campus bewegten und sich nicht dezent genug kleideten.

Auch das Opfer des Angriffes im Lehrerstudienzentrum sieht sich Kritik ausgesetzt. Die meisten begreifen nicht, dass es ihr gutes Recht war, dort zu sein und gemeinsam mit anderen

Bürgern den Anbruch des Jahrtausends zu feiern. ... Die Botschaft dahinter ist, dass sie gar nicht hätte dort sein sollen – es sei eine Frechheit von ihr gewesen, dort zu sein, denn damit hätte sie gegen die von Männern erdachten kulturellen Normen verstoßen. Das einzige Heilmittel liegt in der Bereitschaft von Männern, ihr Denken über Moral oder ihr psychosoziales Verhalten zu ändern. Dhaka Daily Star, *Dienstag, 18. Januar 2000*

Säureangriff

Leserbrief: Opfer von Säureangriffen

Der Zustand unseres Landes scheint einen Höhepunkt der Widerwärtigkeit erreicht zu haben, auf dem das Verbrechen sich ungehindert entfalten kann. Frustrierte junge Männer ... verfielen auf die abscheuliche Praxis, junge Frauen, die nicht auf ihre Annäherungsversuche reagierten, mit Säure zu bewerfen. Durch die Abweisung nicht eingeschüchtert, ... schlichen sich diese jungen Männer an die Fenster der jungen Damen und zerstörten grausam ihr Leben, indem sie sie mit Säure übergossen. Ich weiß keine Strafe, die einem solchen Verbrechen gerecht würde ...

Mesbahul Akhtar, Dhaka

Dhaka Independent, *Montag, 17. Januar 2000*

Nachdem wir die Untersuchung und Artikel wie diese gelesen hatten, verstanden wir allmählich, warum World Vision der Arbeit mit Frauen und Mädchen in Bangladesch eine überragende Bedeutung zumisst.

Das hübsche Kleid

B: Unter all den Informationen, die Adrian und ich erhalten hatten, bevor wir England verließen, war ein Bericht, der uns mehr faszinierte als alle anderen. Das war der Bericht über das Straßenmädchen-Projekt in Dhaka. Da wir viele Jahre lang mit Heimkindern gearbeitet haben, stieß dieses Projekt bei Adrian und mir sofort auf reges Interesse. Als wir feststellten, dass es nicht auf unserem Besuchsprogramm stand, fragten wir nach, ob es sich nicht noch einbauen ließe.

Natürlich hatte Adrians Krankheit die Möglichkeit dieses zusätzlichen Programmpunktes erschwert, aber dadurch, dass wir mit dem Flugzeug statt mit der Eisenbahn von Chittagong zurückreisten, hatten wir einige kostbare Stunden gewonnen.

Nun waren wir also hier, und ich musste zugeben, dass ich ziemlich enttäuscht war. Wieder einmal saßen wir in einem Büro und wieder einmal studierten wir eine komplizierte Tabelle, die die Mitarbeiterstruktur, die gesetzten Ziele und das bisher Erreichte in prozentualer Form auswies. Eine kleine, ziemlich strenge Frau namens Lufte Tahera las uns die Informationen aus der an die Wand projizierten Tabelle mit ziemlich trockener Vortragsstimme vor, als ob sie vermutete, dass wir nicht selbst in der Lage wären, sie zu lesen.

„Haben Sie Fragen?"

Wir kamen uns vor wie Studenten nach einer besonders trockenen Vorlesung und zermarterten uns unglücklich das Gehirn nach einer Frage, mit der wir uns nicht blamieren würden. Doch alles, was mir einfiel, war etwas, das mich fasziniert hatte, seit ich in England den ersten Blick in unser Info-Paket geworfen hatte. Die Leute, die den Bericht zusammengestellt hatten, hatten offenbar vorgehabt, später noch Bilder hinzuzufügen. So befanden sich auf jeder Seite mindestens zwei große Leerflächen. Ich bekam nur die Bildunterschriften zu sehen:

Schauen Sie! Was für hübsche Kleider diese beiden Straßenmädchen tragen! Kann ein Straßenmädchen so ein hübsches Kleid tragen? Sind es wirklich Straßenmädchen?

Und die Antwort:

Es sind wirklich Straßenmädchen. Ein Straßenmädchen, besonders ein Mädchen, kann kein so hübsches Kleid tragen.

„Können Sie mir erklären, was es mit diesem ‚hübschen Kleid' auf sich hat?"

„Oh ja! Ja! Kommen Sie! Kommen Sie mit uns!"

Verblüfft sahen wir, wie sie ihre schönen Ordner voller Zahlenkolonnen achtlos beiseite schob und aufstand. Die schiere Begeisterung schien sie geradezu zu verklären. Mildred Monorama, ihre Vorgesetzte, strahlte ebenfalls. Wieder einmal, wie schon so oft auf dieser Reise, überraschte uns die Verwandlung der Mitarbeiter von verkniffenen Zahlenschiebern in leidenschaftliche Jünger. Ich fand es traurig, dass die Mitarbeiter überall zu glauben schienen, Besucher seien nur mit trockensten Statistiken über die Ziele, Erfolge und Verwendung der Gelder zu beeindrucken. Aber schließlich waren wir ja auch nicht gekommen, um zu überprüfen, wie die Gelder verwendet worden waren und welche Hilfen jedes der Kinder genossen hatte, um daheim der Regierung und den Spendern darüber Bericht zu erstatten.

Wir standen auf und folgten diesem kleinen Dynamitbündel den dunklen Korridor entlang. Als sie die Tür öffnete und wir einen Raum voller strahlend sauberer kleiner Mädchen in schönen Kleidern vor uns sahen, lag mir die Frage aus der Bildunterschrift auf der Zunge:

Sind es wirklich Straßenmädchen?

Eben noch hatten wir draußen die Straßenszene vor Augen gehabt, die uns allmählich allzu vertraut wurde:

kleine Kinder, die Ziegelsteine zerbrachen, Bündel trugen und stinkende Abfallhaufen durchwühlten. Diese Kleinen werden *Tokias* genannt, Lumpensammler, Aasfresser, Bälger. Man nennt sie nicht Kinder. Sie werden auch nicht als Teil der Zukunft des Landes angesehen. Tief in dem fauligen Unrat graben sie nach Papier, Metall, Pappe, Knochen, Holzstücken, zerbrochenen Ziegelsteinen, nach allem, was sich für ein paar Takas pro Kilo an die *Mohajons*, die Händler, verscherbeln lässt. Viele von ihnen haben Mundgeschwüre und eiternde Wunden. Alle haben sie verfilzte, schmutzige Haare und verschmierte Gesichter. Natürlich – wie sollten sich diese erbärmlichen kleinen menschlichen Krümel auch sauber halten?

„Was wir erreichen möchten, ist, dass diese kleinen Mädchen lernen, sich selbst als wertvoll zu schätzen", erklärte unsere Gastgeberin, „und deshalb haben wir uns die Frage gestellt: Wie erreichen wir das? Wie können wir ihr Selbstwertgefühl fördern, wenn niemand sonst ihnen Achtung entgegenbringt? Wie können sie Selbstachtung empfinden, wenn sie grauenhaft riechen und sich schmutzig fühlen und wenn sie immerzu sehen, wie viel sie von den reicheren Leuten unterscheidet, die in Rikschas an ihnen vorbeifahren?

So sind wir auf das hübsche Kleid gekommen. Jeden Morgen, wenn sie zu uns kommen, tragen sie ihre eigene Kleidung. Dann waschen sie sich, kämmen sich die Haare und ziehen eines unserer sauberen Kleider an. So fühlen sie sich gut. Sie fühlen sich hübsch. Sie sehen einander an und sind fröhlich. Sie sind etwas Besonderes. Sie sind auch Kinder. Und in dieser guten Stimmung gehen sie in ihre Schulstunden, spielen ihre Spiele, lernen nähen, essen ihren Eintopf und singen ihre Lieder."

Aber was passiert, wenn der Nachmittag um ist?

„Dann ziehen sie wieder ihre eigenen Kleider an und gehen zurück auf die Straße."

„Aber ..."

„Ich weiß, Sie denken jetzt, das ist nicht gut, dass diese armen Kinder wieder ihre schmutzigen Lumpen anziehen müssen. Aber ihr hübsches Kleid würden sie nur verkaufen. Oder es würde ihnen gestohlen werden. Und am nächsten Tag kommen sie ja wieder und am übernächsten auch, und sie finden Gefallen daran, sauber zu sein und gut zu riechen. Wenn sie dann älter sind, so mit elf Jahren, werden sie einen Beruf lernen wollen, damit sie auch weiterhin ein hübsches Kleid tragen können. Und weil sie sich selbst wertvoll finden, werden sie keine Prostituierten werden wollen."

So einfach. So schlau. So ganz nach Christi Art.

Kleine Mädchengeister

A: „Was glaubst du, wird dir von Bangladesch am stärksten in Erinnerung bleiben?"

Bridget und ich stellten uns während unserer Reise immer wieder gegenseitig diese Frage. Eigentlich müsste sie schwer zu beantworten sein. Tag für Tag stauten sich die Eindrücke und Bilder in unseren Köpfen wie der Verkehr von Dhaka und alle drängten und rangelten sich um die besten Plätze ganz vorn in unserem Bewusstsein. Aus der Fülle von Menschen und Orten, Gesprächen und Gesichtern kommen auch heute noch immer neue Erinnerungen an die Oberfläche. Von der finstersten Verzweiflung bis zu den leuchtendsten Farben des Überlebens haben wir alles zu sehen bekommen. Ich glaube, an der Art, wie wir darüber schreiben, merkt man, dass die Freude über die Begegnung mit Shahnaj uns für immer begleiten wird. Doch abgesehen von diesem konkurrenzlos zentralen Ereignis verfolgt uns das Erlebnis, das Bridget gerade geschildert hat, mehr als alles andere – vermutlich, weil es so schrecklich und zugleich so wunderbar ist.

Schrecklich ist das Problem, aber die Art und Weise, wie es Tag für Tag gelöst wird, ist wunderbar.

Das Problem findet sich in den meisten Ländern der Dritten Welt. Bangladesch ist insgesamt ein entsetzlich armes Land, die Mehrzahl seiner Einwohner lebt unterhalb der Armutsgrenze. An einem Ort wie der Hauptstadt Dhaka, wo vierzig Prozent der Einwohner in Slums leben und Frauen allgemein als minderwertige Wesen gelten, ist die üble Lage der obdachlosen Mädchen eine große Tragödie. Glauben Sie mir, einige der Fakten, die nun folgen, werden Sie nicht wissen wollen, es sei denn, Sie sind auch bereit, etwas beizutragen, damit sie sich ändern.

Es gibt ungefähr eine Million Straßenmädchen in Bangladesch, und ein erheblicher Anteil davon lebt in Dhaka. Aus den verschiedenen verfügbaren Berichten und den Gesprächen mit Mitarbeitern des Projektes konnten wir sechs verschiedene Gruppen von arbeitenden Kindern identifizieren, aber ich bin mir sicher, es gibt noch etliche weitere.

1. *Sammler von Altpapier und anderen Materialien auf Straßen, aus Mülltonnen und aus Abfallhaufen. Diese Kinder sahen wir, wohin immer wir kamen. Unter übelsten Bedingungen versuchten sie, so viel zu verdienen, um an diesem Tag etwas essen zu können.*
2. *Verkäufer von Blumen, Trinkwasser, Erdnüssen, Betelblättern, Zigaretten und anderen Kleinwaren.*
3. *Kinder, die Lunchpakete in die Büros und an andere Arbeitsplätze bringen.*
4. *Steineklopfer.*

5. *Hausbedienstete.*
6. *Kommerzielle Sexarbeiterinnen. Diese seltsam funktionale Bezeichnung für die jungen Prostituierten wird von den Mitarbeitern des Projektes verwendet, das wir besuchten. Sie spiegelt akkurat die Tatsache wider, dass Moral weit, weit unten auf der Prioritätenliste eines jungen Mädchens steht, dem die harten Fakten des Hungers und der Obdachlosigkeit ins Gesicht starren. Manche dieser Mädchen geraten schon sehr früh in die Prostitution.*

Sie werden es ebenso abscheulich finden, diese Worte zu lesen, wie ich es finde, sie zu schreiben. Man erzählte uns von einem Mädchen, das schon mit sechs Jahren seinen Körper verkaufte. Mit acht Jahren starb es an einer Geschlechtskrankheit. Ich frage mich, ob dieser kleine Krümel wohl die vier geistlichen Gesetze kannte. Ich frage mich, ob sie sich wohl bekehrt hatte. Ich frage mich, wie sie über das Paradox von Prädestination und freiem Willen dachte. Ich frage mich, ob sie in den Himmel kam. Falls nicht, glauben Sie, der gute Hirte hätte es ertragen, auch nur noch einen Tag der Ewigkeit dort zu leben, bevor er nicht fieberhaft die ganze Hölle durchsucht und sie schließlich gefunden hätte, wie sie in dem höllischen Aschehaufen herumwühlte, von dem sie glaubte, dass er nun für immer ihr Zuhause sein würde, und sie sanft auf seine Schultern gehoben und nach Hause getragen hätte?

Viele der kleinen Mädchen auf dieser Liste leben auf der Straße, oft, wie wir selbst bei unseren Reisen gesehen haben, in der Nähe von Bahnhöfen und Bushaltestellen, wo sie für einen jämmerlichen Lohn unter ungesunden und riskanten Bedingungen arbeiten, ohne je so etwas wie eine Ausbildung zu erhalten. Wenn sie krank sind, bleiben sie allein und unversorgt, und sie sind ständig der Gefahr sexueller, psychischer, körperlicher und wirtschaftlicher Ausbeutung ausgesetzt.

Das Straßenmädchen-Projekt von World Vision in Dhaka wurde 1997 mit dem ausdrücklichen Ziel ins Leben gerufen, zumindest zu versuchen, an diesen Problemen zu arbeiten. Inzwischen hat das Projekt zwei Zentren eingerichtet, in denen die Mädchen aufgenommen werden.

Hier war es, dass wir über die Arbeit ins Staunen kamen, die in diesem Projekt geleistet wird.

Empfangen und herumgeführt wurden wir von den Projektkoordinatorinnen Mildred Monorama Anwar und Lufte Tahera, die sich, wie Bridget schon sagte, nach kurzer Anlaufzeit als zwei menschliche Dynamos entpuppten. Ihr Eifer und ihre Entschlossenheit speiste sich aus purer Leidenschaft für die Arbeit, die sie tun. Diese beiden Frauen wissen genau, was sie wollen.

Wie sie uns erklärten, kommen die kommerziellen Sexarbeiterinnen montags bis freitags von neun Uhr morgens bis vier Uhr nachmittags ins Zentrum. Der Tagesablauf sieht folgendermaßen aus:

9.00 - 14.30: Baden, Mittagessen für sich selbst zubereiten und Ausruhen
14.30 - 15.00: Informeller Unterricht
15.00 - 16.30: Gesprächsberatung oder Unterricht

Im letzten Abschnitt werden Themen wie elementare Gesundheitsvorsorge, Vorsorge gegen Geschlechtskrankheiten und die Risikofaktoren ihres eigenen Lebens behandelt. Meist gehören dazu auch Erholungszeiten und Spiele verschiedenster Art. Eines der Probleme, mit denen die Mitarbeiterinnen ständig konfrontiert werden, sowohl bei den kommerziellen Sexarbeiterinnen als auch bei den Mädchen, die andere Arbeiten auf der Straße verrichten, ist, dass viele von ihnen keinen Begriff davon haben, was „normal" ist.

Den meisten von uns wird das nicht leicht fallen, weil wir so reich sind, aber versuchen Sie einmal, sich Folgendes vorzustellen:

Sie haben den größten Teil Ihres kurzen Lebens ohne Obdach auf der Straße verbracht. Wahrscheinlich haben Sie Lippengeschwüre in beiden Mundwinkeln wegen der unhygienischen Bedingungen, unter denen Sie leben und arbeiten. Sie sind meistens schmutzig und stinken, sind schlecht gekleidet und wissen kaum, wie man sich wäscht. Sie haben nie erfahren, was es heißt, beständig geliebt und umsorgt zu werden. Schon häufig sind Sie für ein paar Takas von Männern missbraucht und dann abgeschüttelt worden, die in Ihnen kaum mehr sahen als einen Gegenstand, eine Art dreckiger Puppe. An jedem Tag Ihres Lebens haben Sie sich gefragt, was Sie essen werden und ob Sie noch am Leben sind, wenn die Nacht hereinbricht, und schon manchmal haben Sie gehofft, Sie würden den nächsten Tag nicht mehr erleben.

Für viele der Mädchen, die in das Zentrum kommen, sind diese Dinge „normal" und verständlicherweise erfordert es einiges an Überzeugungsarbeit, um ihnen begreiflich zu machen, dass es eine andere Lebensweise gibt, die für sie tatsächlich erreichbar sein könnte. Mädchen, die das Zentrum schon seit mehr als einem Jahr besuchen, bekommen Lektionen und Beratung in diesen wichtigen Bereichen:

- Vertrau auf deine eigenen Gefühle und dein Gewissen. Sie sind wichtiger als das, was andere sagen.
- Was sind gute und schlechte Gefühle?
- Wenn jemand sich dir gegenüber auf eine Weise verhält, die dir unheimlich ist, musst du alles Nötige tun, um dich

in Sicherheit zu bringen, denn jedes Mädchen hat das Recht, sich selbst zu schützen.

– Kinder sind kostbar, wichtig und intelligent.
– Manche Geheimnisse sind ungefährlich, zum Beispiel ein Geburtstagsgeschenk. Aber ein Kind muss wissen, wo Spaß und Geheimnisse nicht mehr harmlos sind, sondern gefährlich werden.
– Gute Berührungen und schlechte Berührungen.
– Aktuelle Probleme für Mädchen und Frauen, wie etwa Vergewaltigung, Missbrauch und Menschenhandel.
– Mädchen haben Rechte.
– Folgen einer frühen Heirat.
– Wo sind meine Grenzen an all den verschiedenen Orten, an denen ich mich während des Tages befinde?

Neben diesen Dingen, die in vielen normalen Familien hier bei uns ganz selbstverständlich zur Erziehung gehören, wird ständig betont, dass Schulbildung für alle wichtig ist und dass die Kinder jederzeit und in jedem Alter damit beginnen können. Die Mädchen wissen auch, dass sie immer kommen und all ihre Sorgen mit den Mitarbeiterinnen besprechen können, die dann versuchen werden, Wege zu finden, um die Probleme zu lösen oder zu vermindern. Sie werden angehalten, sich um ihrer Gesundheit und ihrer Selbstachtung willen so sauber wie möglich zu halten und daran zu glauben, dass die Projektmitarbeiterinnen wirklich da sind, um ihnen zu helfen. Auf der praktischen Seite werden im Zentrum regelmäßig Fertigkeiten wie Sticken, Nähen und Herstellen kleiner Papiertüten unterrichtet, um den Kindern ungefährliche Einkommensmöglichkeiten zu eröffnen.

Es sind schon viele Fallgeschichten aufgezeichnet worden. Ich greife wahllos zwei davon heraus.

Ayesha ist ein winziges, siebenjähriges Mädchen, das unter freiem Himmel auf der Straße schläft. Die Projektmitarbeiterinnen begegneten ihr zum ersten Mal im August 1997 im 31. Bezirk von Dhaka. Sie verkauft Wasser nahe der Bahn- und Busstation Kamalapur. Eine Schule hat sie nie von innen gesehen und lesen oder schreiben kann sie nicht. Sie hat noch zwei jüngere Geschwister, für die sie sorgen muss. Außerdem hilft sie ihrer Mutter, die, wie so viele Tausende andere, auf der Suche nach Arbeit in die Stadt gekommen ist. Ayesha ist der Meinung, es sei keine gute Idee, etwas zu lernen, denn „Mutter hat kein Geld und ich habe keine Zeit. Ich brauche nicht in die Schule zu gehen." So lebt sie, umgeben von Schmutz und Abfall, unter der Eisenbahnbrücke nahe dem Bahnhof Kamalapur.

Sukhi ist zwölf Jahre alt. Ihre Arbeit besteht darin, Leuten, die in Büros arbeiten, Lunchpakete zu bringen. Täglich trägt sie vier dieser *Tiffin*-Boxen zu Leuten, die im Gebiet Notijheel arbeiten. Mit ihrer älteren Schwester lebt sie nahe der Bahnstrecke im 31. Bezirk. Sie hatte noch eine andere Schwester, nur wenig älter als sie, doch dieses Mädchen starb an rheumatischem Fieber mit Komplikationen. Sukhi ist die intelligenteste und gehorsamste Schülerin in der informellen Schulklasse im Zentrum. Inzwischen ist sie in der dritten Klasse und in ihrem Examen hat sie den ersten Platz belegt.

Sukhi kommt regelmäßig ins Zentrum zu den Lektionen, dem Freizeitprogramm und den Stickarbeiten. Sie erscheint um neun Uhr morgens, geht um zwölf an ihre Arbeit und kehrt um drei Uhr wieder ins Zentrum zurück. Bald, nachdem sie zum ersten Mal das Zentrum besucht hatte, fanden die Mitarbeiterinnen heraus, dass Sukhi seit ihrer Kindheit an rheumatischem Fieber litt und auch schon in der Rheuma-Abteilung des Sohrowardi-Krankenhauses behandelt worden war. Im März holten sich Projektmitarbeiter ihre Krankenakte aus dem Krankenhaus, und seither ist das Projekt für ihre gesamten Behandlungskosten aufgekommen.

Geheime Kisten

B: Leider sind wir den Prostituierten nie begegnet. Am Vormittag waren sie da gewesen, aber jetzt waren sie wieder an der Arbeit. Man zeigte uns den Raum, in dem sie jeden Tag ihre gemeinsame Zeit verbrachten, den Ort, wo sie ihre Kleider wuschen und sich umzogen, nachdem sie gebadet hatten, und wo sie sich unterhielten und miteinander anfreundeten, während sie gemeinsam zu Mittag aßen.

Der Raum war leer. Zumindest war nichts unmittelbar Interessantes darin, nichts außer einem großen Stapel Kisten, die jede mit einem Vorhängeschloss versehen waren.

„Wozu sind diese Kisten da?"

„Oh, darin bewahren sie ihre Sachen auf. Sie haben ja kein Zuhause, wissen Sie. Keinen Ort für sich selber. Jetzt können sie wenigstens ihre Sachen in diesen Kisten aufbewahren. Sie wissen, dass sie da sicher sind. Jedes Mädchen hat einen eigenen Schlüssel für seine Kiste. Das ist ihnen sehr wichtig."

Wichtig! Das kann ich mir lebhaft vorstellen. Ein abschließbarer Ort, der nur mir allein gehört. Ein privater Ort. Ein Ort, in den kein anderer eindringen kann. Ein Ort, den niemand gegen meinen Willen in Besitz nehmen kann. Ein Ort, den ich öffnen und an dem ich andere teilhaben lassen kann, wenn ich es will, und den ich nur mit denen teile, die ich mir dazu aussuche. Ein Ort, den ich geheim halten kann – ein Teil von mir selbst. Ja, ich kann mir lebhaft vorstellen, dass das für diese benutzten, ausgenutzten Kinder sehr wichtig ist.

Haben wir es gut genug gemacht?

A: Am Ende des Nachmittags wurden wir in einen großen Raum geführt, wo die Gruppe der jüngeren Mädchen säuberlich in Reihen saß und darauf wartete, uns etwas vorzuführen. Wir setzten uns im Schneidersitz hinten im Raum auf den Boden und lächelten aufmunternd als Reaktion auf das aufgeregte Grinsen auf den etwa dreißig Gesichtern, als die Mädchen sich rasch umblickten, um zu sehen, ob wir uns niedergelassen hatten und die Vorführung beginnen konnte. Wir waren bereit. Sie fingen an.

Die verschiedenen Vorführungen, die wir sahen, stellten einige der Aktivitäten dar, mit denen sich die Gruppen im Zentrum regelmäßig beschäftigten. Eines der größeren Mädchen spielte die Rolle eines Zimmermädchens, erschöpft und entmutigt, weil ihre Herrin sie zu hart arbeiten ließ. Eine wirklich eindrucksvolle, konzentrierte schauspielerische Leistung. Ein jüngeres Mädchen, das hart und verletzlich zugleich wirkte und die nach oben gerichteten Augen und angespannten Züge eines Kindes hatte, das sein Leben lang mühsam gegen den Wind des Leidens bergauf marschieren musste, sang ein Solo für uns. Begleitet wurde sie von einer der Mitarbeiterinnen auf einem wundervollen traditionellen Instrument aus Bangladesch, einem Harmonium. Ihre Stimme war kräftig und klar. Auch wenn es ihr an Weichheit gefehlt haben mag, sang sie sicher und vollkommen tonrein. Es hatte etwas Kompromissloses an sich, das mir an die tiefsten Wurzeln meiner Seele ging, etwas unendlich Tapferes, einen Duft nach Überleben gegen alle Widerstände. Ich wünschte, Sie hätten hören können, wie diese kleine Überlebenskünstlerin mit hoch erhobenem Kopf aus tiefster Seele sang.

Dann gab es ein gemeinsames Lied. Bei einer anderen Gelegenheit hatte uns bereits eine Gruppe das Lied *We shall overcome* vorgesungen. Es war ungemein bewegend gewesen. Irgendwie nahmen die optimistischen Worte dieses Freiheitsliedes, das in unserer Kindheit in den Sechzigern auf Schritt und Tritt zu hören gewesen war, unbezähmbar gesungen von Kindern, denen Armut und Vernachlässigung übel mitspielten, in diesem ganz besonderen Kontext ein fast unerträgliches Pathos an.

Overcome – Überwinden?

Glaubten diese Kinder wirklich, dass sie überwinden würden? Wie? Wie sollten sie überwinden? Hatten die sieben oder acht oder neun oder zehn oder elf Jahre, in denen man sie als so gut wie wertlos betrachtet hatte, sie noch nicht davon überzeugt, dass ihre Aussichten, zu überwinden, praktisch gleich null waren? Ich schaute sie mir an, mit ihren frisch gewaschenen Haaren, wie sie in ihren sauberen Kleidern in Reih und Glied dasaßen und für einen flüchtigen Moment genossen, dass es ihnen gut ging, und ich wankte innerlich vor Trauer bei dem Gedanken daran, dass Millionen von Kindern wie diese sich verzweifelt durch unwiederbringliche Jahre ihres Lebens kämpfen mussten, in denen sie doch eigentlich spielen und lachen und bekuschelt werden und immer jemanden haben sollten, zu dem sie sich gefahrlos flüchten konnten. Doch gleichzeitig dankte ich Gott dafür, dass wenigstens diese Gruppe kleiner, verlorener Menschen der Liebe Jesu in Gestalt dieser beiden Frauen und der anderen Mitarbeiterinnen des Projektes begegnet waren.

Und was mochten sich die Straßenmädchen bei alledem denken, fragte ich mich?

„Die Leute von diesem Projekt da", müssen sie sich wohl gedacht haben, „gehören nicht zu unseren Familien, und sie kannten uns überhaupt nicht, bevor sie hierher kamen. Sie wollen überhaupt nichts haben für all das, was sie tun, nur unsere Bereitschaft mitzuhelfen, damit unser Leben besser wird. Warum kümmern sie sich um uns? Wer hat sie geschickt ...?"

Die letzte Strophe des Liedes wurde auf Englisch gesungen, eigens für uns, wie ich annehme.

We are not alone
We are not alone
We are not alone today
O-oh, deep in my heart, I do believe
That we are not alone today ...

Das Lied endete. Die Mädchen wurden gefragt, ob sie noch irgendwelche Fragen an uns hätten.

„Ja", sagte ein kleines Mädchen, richtete sich kerzengerade auf und wandte sich durch eine Dolmetscherin an uns. „Haben wir es gut genug gemacht?"

Einen Moment herrschte Schweigen.

„Gut genug?“, fragte ich zurück.

„Haben wir es gut genug gemacht, damit mehr Geld kommt, sodass das Projekt nicht im Oktober eingestellt werden muss?“

Ich vermute, wenn ich in diesem Augenblick über die nötigen hundertfünfzigtausend Pfund verfügt hätte, so hätte ich auf der Stelle einen Scheck ausgeschrieben und ihn überreicht. Wie wir später erfuhren, hatte das Mädchen vollkommen Recht. Das Projekt, das sich aufgrund seines Charakters natürlich nicht selbst tragen konnte, sollte im kommenden Herbst beendet werden. Falls nicht von irgendwoher neue Mittel auftauchten, würde es für diese Kinder und andere wie sie wieder keine Zuflucht mehr vor den rauen, raueren und rauesten Wirklichkeiten ihres Lebens geben.

Wie hätten Sie die Frage dieses Kindes beantwortet?

„*Natürlich* habt ihr es gut genug gemacht“, sagten wir, „ihr wart große Klasse.“

Dennoch konnten wir realistischerweise nicht mehr versprechen, als dass wir allen, die uns zuhörten, von ihrem Problem erzählen würden. Im Großen und Ganzen haben wir dieses Versprechen auch gehalten. Zum Beispiel haben wir es Ihnen erzählt.

Diese Kinder sangen herzhaft und voller Zuversicht, sie seien nicht allein. Ich bete zu Gott, dass sie Recht haben.

Der letzte Tag

Essen im Restaurant

A: Schon vor unserer Abreise nach Bangladesch hatten wir herausgefunden, dass fast alle so genannten „indischen" Restaurants in Großbritannien von Leuten aus Bangladesch betrieben und geführt werden. Die Tatsache, dass wir schon lange ergebene Anhänger dieser Küche sind, verlieh – wenn Sie den Ausdruck verzeihen wollen – unserer Reise eine zusätzliche Würze. Ebenso, wie ich 1998 in einer Kneipe in der Nähe von Cork mein erstes authentisch irisches Glas Guinness genossen hatte, so würde ich nun im Jahr 2000 Essen aus Bangladesch an seinem wahren Ursprungsort zu kosten bekommen.

Die Aufrichtigkeit zwingt mich zuzugeben, dass sich das Erlebnis als zweischneidig erwies. Das Essen in unserem Hotel und in den Restaurants in der Umgebung war äußerst angenehm (abgesehen von der starrenden Seebarbe, für die ja die Küche nichts konnte), aber bei einer oder zwei Gelegenheiten hatte ich das Gefühl gehabt, mein Leben zu riskieren. Da war zum Beispiel das Restaurant in einer größeren Stadt, in dem es so dunkel war, dass wir das Essen auf unseren Tellern praktisch nicht erkennen konnten. Nein, ich rede nicht von gedämpfter Beleuchtung, schon gar nicht von einer romantischen. Ich rede von jener stromausfallartigen Dunkelheit, bei der man angestrengt in das Gesicht seines Sitznachbarn spähen muss, um herauszufinden, wer es ist, und bei der man seine Gabel nur findet, indem man mit nervöser Hand blind auf dem Tischtuch herumtastet.

Das allein wäre vielleicht noch nicht schlimm gewesen, aber die Kellner in diesem Etablissement hatten die Gewohnheit, sich auf eine Furcht erregend gründliche und hingebungsvolle Weise zu räuspern und dann ebenso vernehmlich auszuspucken, bevor sie beladen mit kleinen Schüsseln aus der Küche kamen, die irgendetwas enthielten, das man nicht genau erkennen konnte, weil es eben zu dunkel war.

Appetitanregend war das nicht.

Wann immer wir irgendwo zu Gast waren, aßen wir ausgezeichnet – wenn auch etwas zu häufig. Es gab Tage, an denen wir eine ganze Reihe von verschiedenen Gruppen und Projekten besuchten, und da die Etikette verlangte, dass jedem Gast zuerst einmal etwas zu essen und zu trinken angeboten werden musste, bevor man zur Sache kam, schienen uns solche Tage manchmal wie eine einzige Mahlzeit zu sein, begleitet von unzähligen Tassen Tee – mit Zucker. Es war schön, aber auch reichlich.

An unserem letzten Abend vor der Heimreise gingen Bridget und ich, zum ersten Mal gänzlich ohne Eskorte, auf der Suche nach etwas zu essen von unserem Hotel aus um die Ecke und kamen an einem Restaurant namens *Thirteen Coins* vorbei, das wir bisher noch nicht besucht hatten. Wir gingen hinein. Wie üblich schienen wieder einmal auf jeden Gast mindestens sieben Kellner zu kommen, aber das machte nichts. Die Speisekarte! Oh, diese Speisekarte! Steak und Bratkartoffeln und dergleichen mehr, herrlich zubereitet und unglaublich billig. Als wir zwei Stunden später zufrieden zurück zum Hotel schlenderten, unterhielten wir uns darüber, dass es uns schon immer so ergangen ist und vermutlich immer so ergehen wird. Wir hatten gleich um die Ecke ein Restaurant ganz nach unserem Herzen, aber wir waren nur zufällig darauf gestoßen – am allerletzten Tag.

Oh, Kalkutta!

B: Hier saßen wir nun zum letzten Mal auf der blauen Tagesdecke auf dem Doppelbett der Familie Begum. Shahnaj kuschelte sich zwischen uns, das Baby probierte erneut meine Halskette durchzubeißen und Simon und Rajip versuchten wieder einmal, es davon abzuhalten.

Adrian sah völlig erschöpft aus und ich spürte deutlich, wie die letzten Tage nach seiner üblen Erkrankung an ihm gezehrt hatten. Schlimmer noch, es war wieder einmal Fototermin und ich wusste, ein Wunder müsste geschehen, um ihm noch ein weiteres Lächeln zu entlocken. Ich spürte mehr, als ich sah, wie Shahnaj zu dem müden Gesicht ihres neuen, großen Freundes hinaufblickte. Dann hob sie mit einem kleinen Kichern beide Hände empor und zog sein Gesicht zu sich herab, bis sein Ohr auf der Höhe ihres Mundes war.

„Kalkutta! Kalkutta!", flüsterte sie.

Während unseres Theaterausflugs hatte sie zum ersten Mal gehört, wie Adrian den Namen der indischen Stadt Kalkutta aussprach, und sein britischer Akzent dabei hatte sie ungemein erheitert und dazu veranlasst, ihn mit großer Gewissenhaftigkeit zu korrigieren. Auf dem Heimweg hatte sie ihn dann geneckt, indem sie das Wort alle paar Minuten wiederholte. Jetzt wollte sie ihn aufheitern und ein bisschen Neckerei schien ihr dafür genau das Richtige. Natürlich hatte sie Erfolg, und für einen Moment hätte es auch Kate sein können, die da zwischen uns saß, Kate, die Superexpertin in der Kunst, mit genau derselben Methode ihren Papa wieder in gute Laune zu versetzen.

Ich dachte an Shahnajs Vater, der irgendwo da draußen auf seiner Rikscha unterwegs war, und musste lächeln. Er hatte keine Chance. Sie würde ihn noch einige Jahre lang mühelos um ihren kleinen Finger wickeln.

Als wir uns dann sehr traurig von diesen liebenswerten Kindern und ihrer süßen kleinen Kusine verabschiedeten, wusste ich bereits, dass ich von ihnen vor allem ihre Herzenswärme und ihre intuitive liebevolle Anteilnahme in Erinnerung behalten würde, die sie nicht nur untereinander hatten, sondern auch gegenüber ihren ulkigen übergroßen Besuchern aus einer anderen Welt.

Bangladeschi Baby

A: *Kleines Baby Bangladesch*
Baby bleibt Baby, ob nun Bangla, Belgisch, Britisch, Bantu
Du schmeichelst mir
Wie Babys es nun einmal tun
Kuschelst dich an meine Brust
In deinen Augen, Bangla Baby, jenen dunklen, tiefen Brunnen
Seh ich, dass du schon alles weißt, was du fürs Erste wissen musst
Und wir, die wir viel mehr zu wissen glauben, wir sind dumm
Denn was wir klugen Köpfe dir für deine Zukunft geben können
Das ist viel weniger, als was du brauchen wirst
Mit deinen kleinen Bangla-Fäusten hältst du meinen Kragen fest
Bitte lass mich für dich beten
Und einen Segen auf dein kleines Köpfchen legen
Damit aus deinen Babybeinen starke Säulen werden
Die kraftvoll durch den Staub der Straßen schreiten
Und finde jeden Tag dein täglich Brot
Gott schenke dir die Liebe, die dein Herz erfüllt, ein langes Leben
Und mögest du geliebt sein, Freunde haben, oft geküsst und frei
Und das wird reichen, Bangla Baby
Ich bitte nicht darum, dass du mich in Erinnerung behältst

Abschied

A: Shahnaj war in Tränen aufgelöst, als wir uns endlich von ihr verabschiedeten. Es ging ihr so nahe, dass sie sich in die Rikscha ihres Vaters zurückziehen musste. Auch ihre Mutter und ihre Schwester mussten weinen. Ich weiß nicht, ob sie alle sehen konnten, wie nahe auch Bridget und ich den Tränen waren.

„Das geht oft so, wenn die Kinder sich von ihren Paten verabschieden müssen", sagte man uns.

Na ja, dann ist es ja gut, nicht wahr? In dem Fall ist es ja alles gar nicht so schlimm, nicht wahr?

Was tun wir eigentlich?

B: „Sind Sie sicher, dass wir nicht nur Abhängigkeiten schaffen, indem wir Gelder in ein solches Gebiet fließen lassen? Stehen wir nicht in Gefahr, den Menschen dort ihre Würde zu nehmen? Ich meine, wenn sie wollten, dann könnten sie doch sicherlich alle Hindernisse beseitigen und sich selbst aus der Armutsfalle befreien. Ach, ich weiß nicht, ich arbeite eben hart für mein Geld – nicht, dass ich dagegen wäre, etwas zu spenden. Ich möchte nur sicher sein, dass es an die richtigen Leute geht."

Während Dhiman uns auf dem Weg zum Flughafen zum letzten Mal durch die Straßen von Dhaka fährt, sind wir beide ziemlich still und unsere Herzen und Köpfe sind bis zum Rand gefüllt mit allem, was wir gesehen, gehört, gedacht und gefühlt haben. Plötzlich fällt mir diese Frage ein. War es wirklich erst zwei Wochen her, dass ich dieses Gespräch mit einem Mitglied unserer Gemeinde geführt hatte? Es war ein interessantes Erlebnis gewesen, anderen Leuten zu erzählen, was wir in Bangladesch vorhatten. Bei vielen Leuten brachte es an die Oberfläche, wie sie über solche Projekte dachten wie diejenigen, die wir besuchen wollten. Wir waren überrascht gewesen, wie viele nur eine sehr vage Vorstellung davon hatten, was eine Organisation wie World Vision ist und was sie tut. Andere, wie die besorgte Dame, die mir beim Gemeindekaffee nach dem Gottesdienst von ihren Bedenken erzählte, hatten offensichtlich ein ungutes Gefühl bei Aktionen, die sie als überhebliche Einmischung in das Leben von Leuten sahen, die man eher ermutigen sollte, auf ihren eigenen zwei Beinen zu stehen.

Also – lässt solch eine Patenschaft für die Familie, die davon profitiert, die Armutsfalle erst recht zuschnappen? Hilft ihnen die Patenschaft, freier zu werden, oder schafft sie einfach nur ein neues Problem der Abhängigkeit und saugt denen, die diese Hilfen empfangen, ihre Würde ab?

Kann ich das beurteilen? Nach so kurzer Zeit natürlich nicht, aber ich denke, eine gewisse Ahnung habe ich schon bekommen.

Schon der Ausdruck „Armutsfalle“ deutet an, dass ein Opfer in die starken Klauen einer Vorrichtung gerät, die dazu konstruiert ist, eine Beute zu verstümmeln und zu fangen. Das Opfer kämpft beharrlich, um sich zu befreien, doch schließlich hat es alle Kraft verbraucht, gibt blutend und erschöpft auf und stirbt unter Qualen. Die Armut, die wir in den letzten beiden Wochen gesehen hatten, war für viele Menschen zweifellos eine solche Falle. Überall sahen wir die kämpfenden unschuldigen Opfer. Hin und wieder sahen wir bei den Ärmsten den trüben, steinernen Blick der Besiegten. Doch die Quintessenz unserer begrenzten Erfahrung war der bewundernswerte Kampf, den diese tapferen Menschen führten, um zu überleben.

Ich erinnerte mich an einen Artikel, den ich erst am Tag zuvor in dem Exemplar des *Dhaka Guardian* gelesen hatte, das uns immer aufs Hotelzimmer gebracht wurde. Verfasst war er von Syed Badrul Ahsan, einem Journalisten, der drei Jahre lang in Großbritannien gelebt hatte, dann aber zu dem Schluss gekommen war, es sei an der Zeit, in seine Heimat Bangladesch zurückzukehren. Er berichtete davon, wie in der Dämmerung seine Gedanken immer wieder zu seinem eigenen Land wanderten:

Ich bin verbunden geblieben mit dem dünnen Mann, der Tag für Tag in die Pedale seiner Rikscha tritt, um seine Kinder am Leben zu erhalten. Und ich habe die wettergegerbten Gesichter in Erinnerung behalten, die mir jedes Mal ins Gesicht starrten, wenn ich beladen mit Köstlichkeiten aus einem Laden kam.

Dies sind meine Leute. Sie haben ihr ganzes Leben lang ums Überleben gekämpft und in der Härte dieses Kampfes all ihre Würde verloren.

All ihre Würde verloren, all ihre Hoffnung dahin.

Nachdem ich den Artikel zu Ende gelesen hatte, musste ich an Shahnajs Vater und die Schatten der Erschöpfung auf seinem dünnen Gesicht denken. Seit fünf Jahren wurde seine Tochter durch die Patenschaft von uns unterstützt. Was hatte ihm das unter dem Strich eingebracht? Führte er nun ein behagliches Leben in Abhängigkeit, in dem er sich in dem Wissen zurücklehnen konnte, dass für all seine Bedürfnisse und die seiner Familie gesorgt war? Einen Teufel tat er!

Die Gespräche mit seiner Familie und mit den Mitarbeitern der Organisation haben ganz klar gemacht, dass er, genau wie die meisten Väter von Patenkindern, sich bis zur totalen Erschöpfung abrackert, um seine Familie zu versorgen. Sieben Tage, jede Woche, jedes Jahr fährt er mit einer motorisierten Rikscha durch die abgasverseuchten Straßen von Dhaka. Die Rikscha kostet ihn 200 Takas Miete pro Tag. Sein Verdienst beträgt 300 Takas pro Tag. Das bedeutet, dass er nach einem langen, anstrengenden Arbeitstag einen Lohn von einem Pfund oder etwa 3,25 DM nach Hause bringt. Als ich das erste Mal hörte, wie ärmlich die durchschnittliche Bezahlung für viele der niedrigen Arbeiten auf den Straßen der Stadt sind, war ich so entsetzt, dass ich wohl das Bedürfnis hatte, die Situation zu rationalisieren.

Sicherlich, spekulierte ich hoffnungsvoll, ist ein Pfund in Bangladesch viel mehr wert als in England.

Absolut richtig. Nach unserer Erfahrung hat ein Pfund in Bangladesch etwa die fünffache Kaufkraft wie hier in England. Das hört sich schon viel besser an, nicht wahr? Da können wir schon viel beruhigter schlafen, wenn wir wissen, dass er immerhin fünf Pfund pro Tag hat, um seine sechsköpfige Familie zu ernähren, darunter zwei Teenager und zwei Kinder im Wachstum. Immer vorausgesetzt natürlich, dass er nie krank wird, denn seine 200 Takas Miete pro Tag muss er bezahlen, ob er nun mit seiner Rikscha losfährt oder nicht, ganz abgesehen von den Kosten, die seine Krankheit verursacht. Die Miete für ihr Haus, die 200 Takas pro Woche beträgt, muss von seinem Verdienst bestritten werden, ebenso die Schulgebühren für seine anderen Kinder, die Reparaturen am Haus und auch die Versorgung der Alten in der Familie, die kaum Unterstützung vom Staat bekommen. Und an Essen und Kleidung haben wir bisher noch nicht einmal gedacht!

Kein Wunder, dass nur wenige der Kinder, denen wir in den Slums oder in den ärmsten ländlichen Kommunen begegneten, das Glück hatten, in eine Schule gehen zu können. Überhaupt, nur wenige hatten jemals das Glück, genügend Reis zu bekommen, um sich einmal satt essen zu können.

Kein Wunder, dass in den Köpfen der meisten dieser Väter nicht viel Platz für Hoffnungen und Träume über ihre Zukunft oder die ihrer Kinder war. Der Kampf ums schiere Überleben nimmt jede wache Stunde in Beschlag, während sie ihre Fahrgäste durch das Labyrinth der Städte chauffieren oder sich auf den Reisfeldern krumm schuften.

Wenn man all das bedenkt, was hat unsere Patenschaft für Shahnaj eigentlich bewirkt? Nun, als ich beim Abschied in die Augen ihrer Eltern schaute – und ich sage das voller Staunen, denn ich kann selbst kaum glauben, dass es wahr ist –, da sah ich sie tatsächlich, jene Flammen der Hoffnung.

Hoffnung, zum Teil deshalb, weil wenigstens für eines ihrer geliebten Kinder die Schulbildung gesichert ist.

Hoffnung auch wegen der Nebenwirkungen für sie alle, wie etwa Simons Nähkurs und die Gesundheitsversorgung der ganzen Familie.

Hoffnung aber auch deshalb, weil es diesen Funken am Leben erhalten hat, diesen Glauben daran, dass sie jemandem etwas bedeuten. Das gibt ihnen einen Grund weiterzukämpfen und zu hoffen, dass sie eines Tages vielleicht – vielleicht – nicht nur überleben, sondern sogar überwinden werden.

Die Heimkehr

A: Wir bestiegen unser Flugzeug nach Hause. Während wir unter dem Dröhnen der Turbinen durch die ewige Nacht in Richtung England schwebten, sagte ich: „Bridget, das war die Dritte Welt, stimmt's?"

„Stimmt."

„Und jetzt sind wir unterwegs in die Erste Welt, stimmt's?"

„Stimmt."

„Was ist die Zweite Welt?"

„Keine Ahnung", murmelte Bridget schläfrig. „Ist mir aber auch egal. Sollte eigentlich nur eine Welt sein. Dann gäbe es mehr Patenschaften. Und es würde sich mehr ändern im Leben der Leute. Gute Nacht ..."

Ich seufzte und rutschte auf meinem Sitz herum. Kaum anzunehmen, dass ich in dieser gefederten Klammer von einem so genannten Sitz viel Schlaf ergattern würde. Ich muss abnehmen. Unbedingt. Sobald ich nach Hause komme, gehe ich ins Fitness-Studio und – Sie wissen schon – packe es an. Bald würden wir Kate und David und Joe wiedersehen. Das wird schön. Schon jetzt erschien mir Bangladesch allmählich wie ein seltsamer Traum – ein wirklich seltsamer Traum …

Ich schlief ein. Irgendwo tief unter uns in den Slums von Dhaka träumte ein kleines Mädchen von seiner Zukunft.

Einige Gedanken zum Schluss

A: Drei Dinge beschäftigen mich, während ich hier sitze, vor mir ein gerahmtes Foto von Shahnaj, und über unsere Reise nachdenke.

Das Erste betrifft die Evangelisation. Bevor ich nach Bangladesch flog, gingen mir eine Menge Fragen durch den Kopf bezüglich des Umstandes, dass dort zwar praktisch geholfen, aber nicht mit Worten das Evangelium weitergegeben wird. Ein Gespräch, das ich kürzlich während einer Autofahrt mit einem Freund hatte, der Ältester in einer Gemeinde in unserem Ort ist, deutet vielleicht die Richtung an, in der sich mein Denken seither bewegt hat.

„Gestern Abend hatten wir Leitungskreissitzung", sagte er, „und unter anderem haben wir über diese Frau gesprochen, die neulich in der Zeitung stand – du erinnerst dich, diese junge Frau, die bei einem Autounfall ihre ganze Familie verloren hat. Wir dachten, es wäre nett, ihr ein paar Blumen zu schicken, aber wir wussten nicht recht, was wir auf die Karte schreiben sollten. Ich meine – sie ist keine Kirchgängerin oder so, und da ist es ein bisschen schwierig, den richtigen Ton zu treffen. Weißt du, was ich meine?"

„Mmm, ja, knifflig."

„Was würdest du schreiben?"

Ich starrte auf die Straße vor mir und überlegte einen Moment. Ich wusste, worauf er hinauswollte. Manche seiner Mitältesten sahen in diesem Blumengruß zweifellos eine jener Gelegenheiten, die in Gemeindekreisen oft unter der scheußlichen Bezeichnung „evangelistische Gelegenheit" verbucht werden. In Gedanken kehrte ich für einen

Moment in die Straßen von Dhaka zurück und ich sah Not, Farben, Augen, Verzweiflung und Hoffnung.

„Warum schickt ihr die Blumen nicht einfach anonym?“, schlug ich vor. „Warum seid ihr nicht einfach Jesus, anstatt nur über ihn zu reden? Vielleicht kann Gott von diesen Blumen einen besseren Gebrauch machen, als es euer Leitungskreis je könnte.“

Mein Freund lachte und schüttelte den Kopf. „Da könntest du durchaus Recht haben“, sagte er. „Aber, ehrlich gesagt, bei dem einen oder anderen von denen kann ich mir nicht vorstellen, dass sie damit einverstanden sind, nein, wirklich nicht ...“

In einem Land wie Bangladesch können die Mitarbeiter einer Hilfsorganisation nicht im formellen Sinn evangelisieren, aber lassen wir uns nicht täuschen: Durch sie wandert Jesus durch die Straßen und die Slums und die Dörfer.

„World Vision liebt uns“, hatte die Frau in der Spargruppe gesagt.

„Die Arbeit von World Vision bildet eine Brücke, über die ich gehen kann, um die Menschen zu erreichen“, hatte der Priester gesagt.

Wenn Jesus dort ist – und ich kann Ihnen versichern, er ist dort in den Händen und Füßen seiner Diener gegenwärtig –, dann sollten Sie bedenken, dass er ein ziemlich guter Evangelist ist. Vertrauen Sie ihm.

Der zweite Gedanke hat wohl mit dem ersten zu tun. Ich finde ihn ziemlich erschreckend. Tatsache ist: Wenn wir Christen nicht an solchen Orten aktiv sind, wie wir sie besucht haben, dann ist es Gott, so weit ich sehen kann, auch nicht. Kinder hungern und werden misshandelt und sterben auf Abfallhaufen. Gott sendet keine Engel, um sie zu retten, oder wenn, dann geschieht es zumindest nicht sehr oft. Es tut mir Leid, wenn dieser Gedanke Sie verletzt, aber wenn es so ist, dann sagen Sie mir bitte, inwiefern er nicht der Wahrheit entspricht. Hier in diesem Land sind wir so reich, dass wir uns den Luxus leisten können, Stunde um fromme Stunde mit geistlicher Nabelschau zu verbringen. Ich weiß Bescheid – ich bin selber ganz groß darin. Wir können uns alles Mögliche erlauben, nicht wahr?

Ein Teil von mir wünscht sich, ich hätte die Slums von Dhaka nie gesehen, denn jetzt weiß ich, dass Jesus da draußen ist; nicht nur in Gestalt seiner Anhänger, sondern, wie Mutter Teresa immer betonte, in den ausgemergelten Leibern und hoffnungslosen Augen der Menschen, die nicht wissen, was es heißt, genug zu essen zu haben, geschweige denn geliebt zu werden. Ein anderer Teil von mir jedoch ist froh, dass ich diese Dinge gesehen habe, denn das macht mich fähig, diese Gedanken mit einer Leidenschaft weiterzugeben, die mir noch vor ein paar Monaten unmöglich gewesen wäre.

Meine dritte Überlegung betrifft die Stelle im ersten Buch Mose, wo uns gesagt wird, dass wir nach dem Bild Gottes erschaffen sind. Die Begegnung mit Shahnaj und ihrer Familie hat mir diese Wahrheit ganz neu bewusst gemacht. Wo Liebe und Fürsorge, diese wichtigen Samen, die letzten Endes nur Gott einpflanzen kann, die Wurzeln einer Situation hervorbringen, da werden Sie dieselben Früchte sehen, ob Sie sich nun inmitten von unermesslichem Reichtum oder inmitten bitterer Armut befinden. Es ist schockierend, zu sehen, was die Slums aus manchen Menschen machen, aber es ist ebenso erstaunlich, zu sehen, was sie aus anderen Menschen nicht machen.

Und zum Schluss …

Ein paar Tage nach unserer Rückkehr aus Bangladesch brachten wir eines von Sanjays großartigen Porträtfotos von Shahnaj in einen Laden in der Stadt und ließen es mit dem

Farbkopierer auf A4 vergrößern und laminieren, sodass man die Fingerspuren wieder abwischen kann (in unserem Haus geht offenbar alles durch unendlich viele Hände). Dieses Bild habe ich jetzt vor mir, während ich schreibe. Es ist wirklich ein wunderhübsches Bild. Shahnaj hat es endlich geschafft, jene Samtjacke vor die Kamera zu schmuggeln, und wenn ihr Lächeln noch breiter wäre, würden ihre Mundwinkel hinter dem Kopf verschwinden.

Doch wenn ich in ihre Augen schaue, dann scheinen mir zwei Emotionen darin sichtbar zu sein. Eine davon ist schlichte Freude am Leben, die bei diesem Kind besonders deutlich ist, die jedoch, wie gesagt, keineswegs ungewöhnlich ist bei Elfjährigen, die geliebt und umsorgt werden, wie reich oder arm sie auch sein mögen. Die andere Emotion ist eine Sorge, eine Frage oder vielleicht ein ganz leiser Schatten einer Vorahnung.

In den Slums kann man nicht lange Kind bleiben.

Eines der letzten Dinge, die uns Shahnaj vor unserer Abreise durch einen Dolmetscher mitteilte, war ihr Wunsch, wir würden sie einfach im Flugzeug mit zu uns nach Hause nach England nehmen. Natürlich gingen wir lachend darüber hinweg, was auch sonst – doch immer, wenn ich ihr Bild ansehe, kommen mir diese Worte wieder in den Sinn, und ich frage mich, wie ihre Zukunft wohl aussehen wird. Dieser schlichte Wunsch, ein zerbrechlicher Schmetterling von einem Gedanken, ebenso verlockend wie kurzlebig, ist mir zu einem Symbol für die Verantwortung geworden, die Bridget und mir auferlegt wurde, die Armen jenes fernen Landes in unseren Herzen zurück nach Europa zu bringen, damit sie tatsächlich hier bei uns leben und andere sie kennen lernen können. Und so wird es durch die Gnade Gottes sein.

Doch ich muss damit schließen, dass ich sage, dass sich für Bridget und mich etwas für immer verändert hat. Für uns gibt es nicht nur ein Symbol, sondern eine Person. Bitte beten Sie, dass Gott es uns erlauben wird, Shahnaj eines Tages wiederzusehen.

Die Welt ist voller Kinder und voller menschlicher Gemeinschaften, die ein bisschen Hilfe gebrauchen können. Wenn Sie gern selbst eine Patenschaft für ein Kind übernehmen wollen, nehmen Sie bitte Kontakt zu einer der Organisationen auf, die eine solche anbieten.

Gott segne Sie, und danke, dass Sie dieses Buch gelesen haben.

Organisationen, die im deutschsprachigen Raum Kinderpatenschaften vermitteln

CCF Kinderhilfswerk e.V.
Laiblinstegstr. 7
72622 Nürtingen
Tel. (0 70 22) 9 25 90 ◆ www.ccf-kinderhilfswerk.de

Hermann-Gmeiner-Fonds Deutschland e.V.
Menzinger Straße 23
80638 München
Tel. (089) 17 91 40 ◆ www.hgfd.de

Indienhilfe-Verein zur Unterstützung und Förderung Notleidender Kinder e.V.
Luitpoldstr. 20
82211 Herrsching
Tel. (0 81 52) 12 31 ◆ www.indienhilfe-herrsching.de

Kinderdorf Rio e.V.
Brücktorstr. 139a
46047 Oberhausen
Tel. (02 08) 87 45 30 ◆ www.kinderdorf-rio.de

Kindernothilfe e.V.
Düsseldorfer Landstr. 180
47249 Duisburg
Tel. (01 80) 33 33 300 ◆ www.kindernothilfe.de

Päpstliches Missionswerk der Kinder in Deutschland e.V.
Stephanstr. 35
52064 Aachen
Tel. (02 41) 4 46 10 ◆ www.kindermissionswerk.de

Plan International Deutschland e.V.
Pestalozzistr. 14
22305 Hamburg
Tel. (040) 61 14 00 ◆ www.plan-international.de

Rudolf-Walther-Stiftung „Kinder in Not“
Rabenaustr. 2
63584 Gründau
Tel. (0 60 51) 48 18-0 ◆ www.rudolf-walther-stiftung.com

Stiftung für Solidarität und Partnerschaft (SIS)
Paulstr. 20
53111 Bonn
Tel. (02 28) 69 86 61 ◆ www.sis-foundation.de

World Vision Deutschland e.V.
Am Houiller Platz 4
61381 Friedrichsdorf
Tel. (0 61 72) 76 30 ◆ www.worldvision.de

World Vision – Gesellschaft für Entwicklungshilfe und Völkerverständigung
Schottenfeldgasse 69/1
A-1070 Wien
Tel. (01) 52 21 42 20 ◆ www.worldvision.at

World Vision Schweiz
Kriesbachstr. 30
CH-8600 Dübendorf
Tel. (01) 802 30 30 ◆ www.worldvision.ch